牛津非常短講 005

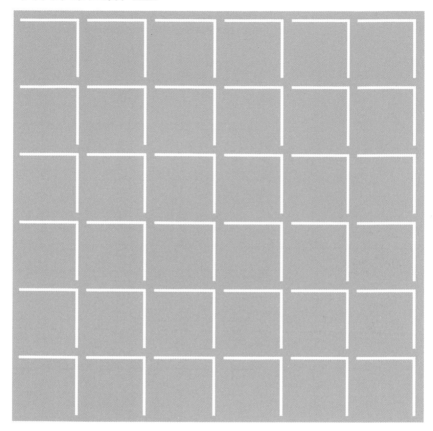

民粹主義

Populism

A VERY SHORT INTRODUCTION

卡斯·穆德，克里斯托巴·卡特瓦塞爾——著
Cas Mudde & Cristóbal Rovira Kaltwasser
徐承恩——譯

目次

＊編輯說明：本書所附隨頁註，除標示〔譯註〕外，餘為編註。

第一章 何為民粹主義？

民粹主義，乃二十一世紀一個政治常用詞。這個詞，曾被用來描述拉丁美洲的左翼總統、歐洲挑戰建制的右翼政黨、以及美國左右兩翼的總統候選人。這個詞，記者愛用、讀者愛看，卻又用得太廣泛，從而帶來困惑和怨懟。因此本書旨在釐清民粹主義的現象，並探討何以民粹主義對當代政治舉足輕重。

這本書對民粹主義的詮釋，算是廣為論界接受，卻遠未能一錘定音。此詮釋之長處，在於能描述被稱為民粹主義者的政治人物之特質，同時又能區分民粹與非民粹的行動者。這樣就回應了兩種針對這用詞的批評：有些人認為「民粹主義」只是用來貶低政敵的政治標籤，另一些人則認為這個詞語太空泛，以至於可以套用在任何政治人物身上。

我們主要會在自由民主制的處境下討論民粹主義，這是出於經驗和理論的緣故，無關意識形態。就理論而言，民粹主義基本上被拿來與自由民主制做對比：不是民主理念本身，也不是任何其他種類的民主制。就經驗而言，大部分重要的民粹行動者，都是在自由民主的框架下做動員：他們身處的政治體制，若非實行自由民主制，就是以實踐自由民主為目標。這種狹義視野固然有其局限，但正好說明我們既不認為自由民主制完美無瑕、亦不認為其他類型的民主制在定義上不算是民主、也無意把討論限制在自由民主制的框架之內。

本質上備受爭議的概念

但凡重要的概念，都難避爭議。不過關於民粹主義的爭拗，不只關乎用詞之定義，用詞能否指涉實存之事物亦啟人疑竇。這在本質上就是個備受爭議的概念。這種概念上的困惑，於《民粹主義：其意義與民族性》[1]這本合編鉅著顯露無遺。不同的供稿人，對民粹主義各有定義，或曰是意識形態、或曰是社會運動、或曰是某種徵候，諸如此類。而在世界不同地方，民粹主義往往被等同或附會為各種不同的現象，則讓問題變得更加複雜。比如說在歐洲的處境，民粹主義指涉的是反移民及排外風氣；但到了拉丁美洲，民粹主義很多時候會與侍從主義[2]和敗壞的經濟政策畫上等號。

這種混亂之所以會出現，部分原因是民粹主義這個標籤，很少會是個人或團體的自稱；相反地，「民粹主義」這四個字多是用來描述他人，而且通常帶有負面涵義。即使是少數被廣泛視為民粹主義者的代表人物，比如阿根廷前總統胡安・裴隆[3]、或是遇刺喪生的荷蘭政客皮姆・佛杜恩[4]，他們亦未有以民

1《民粹主義：其意義與民族性》，Ghita Ionescu and Ernest Gellner, eds., *Populism: Its Meaning and National Characteristics*（New York: Macmillan. 1969）.

2 侍從主義（clientelism），或稱恩庇主義，原是不同社會下的現象，如封建時代的貴族與農奴、或地主與農民的關係；民主化之後意義有所轉換，資產階級利用其財富和社會地位作為增加選舉機會的手段而贏得政治職位，投票「交換」可以提供給支持者的商品或服務（土地、就業等），甚至政黨／政府提供公共政策的回饋換取選民的支持。它涉及對公共資源的任意使用，與當代民主國家宣稱的價值觀背道而馳。

粹主義者自居。民粹主義既無專屬的文本、亦無典型案例，以至學者和記者都會以這個用詞描繪林林總總的現象。

我們採用的進路——姑且稱之為理念分析法，於各學術領域中廣為應用，而新聞界亦有暗中使用，不過這只是研究民粹主義的其中一種進路。這本小書無法、亦無意詳盡地介紹各種不同的進路，但我們仍然想提及最重要的另類進路：這些進路多用於個別學術領域，以及某些區域研究。

人民代理分析法認為，民粹主義乃民主制度下建基於人民政治參與的生活模式。這種進路多見於美國歷史學家，以及關於十九世紀晚期北美洲首批民粹主義者（即人民黨的支持者）[5]的著述。當中最具代表性的著作，首推勞倫斯·古德溫[6]的《民主的許諾：美國的民粹主義時刻》。人民代理分析法認為民粹主義是股正面的力量，有助動員一般的人民，促進社群主義式的民主發展。與其他進路相比，這種分析法對民粹行動者的定義既寬鬆又嚴謹，包涵絕大部分的進步派群眾運動。

拉克勞式的進路近年風行於政治哲學界，亦見於所謂的批判研究，以及對

西歐和拉丁美洲的政治之研究。此進路建基於阿根廷政治理論家厄尼斯特・拉

---

3 胡安・裴隆（Juan Domingo Perón, 1895-1974），阿根廷政治家，是阿根廷迄今為止任職時間第二長的總統。他和妻子伊娃・裴隆創立正義黨，領導的裴隆主義運動成為現代阿根廷歷史上重要的政治派別。

4 皮姆・佛杜恩（Pim Fortuyn, 1948-2002），荷蘭政治人物，以己之名創立政黨皮姆・佛杜恩名單（Pim Fortuyn List, LPF），高舉反伊斯蘭、反移民大旗，其爭議性的意見導致於二〇〇二年選舉期間遭暗殺，當次選舉其政黨贏得了超過十七％的選票，深刻地改變了荷蘭的政治。

5 人民黨（People's Party或Populist Party），十九世紀九〇年代出現於美國南方和中西部地區，緣因農作物歉收，價格下跌與對不良的營銷機制不滿，一八九二年人民黨成立，支持有助於農民的政策，該年大選時，人民黨領導人韋弗（James B. Weaver）贏得了超過一百萬的選票和中西部四州的勝利，成為美國內戰後第一個獲得選舉人票的第三政黨。不過後來隨即衰落，殘餘組織一直延續到二十世紀初。

6〔譯註〕勞倫斯・古德溫（Lawrence Goodwyn，1928-2012），原為關注少數族裔和勞動權益的記者。他於一九六〇年代發表的調查報導，深入探討非裔美國人在參與民權運動時遇到的挑戰，因而贏得學術上的聲譽，並於一九七一年獲聘為杜克大學的政治學教授。研究專長為美國南部的地方政治，亦為推動口述歷史研究的先驅。《民主的許諾：美國的民粹主義時刻》於一九七六年出版後，一直都是美國大學的指定教材。

克勞[7]之開山鉅著，以及他近年與其比利時裔妻子尚塔爾·墨菲合撰之著作。他們認為民粹主義不只是政治之本質，亦是促成解放的力量。在這種進路中，自由民主制被視為麻煩，而激進民主則為解決問題的良方。民粹主義則有助激進民主的實踐：政治衝突之再現，使備受排斥的社會界別能得以動員，並以改變現狀為目標。

而在一九八〇及一九九〇年代的拉丁美洲民粹主義研究中，社會經濟分析法尤其流行。像魯迪·多恩布什[8]和傑弗瑞·薩克斯[9]這類的經濟學家，將民粹主義理解成一種不負責任的經濟政策：在依靠外債支持龐大支出的階段過後，迎來惡性通貨膨脹，並實行嚴酷的經濟調整。由於後來拉丁美洲的民粹主義者改為主張新自由主義經濟，以至這種進路被其他社會科學學門棄用；即或如此，經濟學家及記者仍然愛用這種分析套路，這情況在美國尤其明顯。其中一個比較流行的術語，叫「民粹主義經濟學」：這用語描述的是一種不負責任的政治方案，其特徵是既過度重視財富再分配、又過於縱容政府擴大開支。

另一種新興進路，則主要視民粹主義為個別領袖的政治策略：這些領袖嘗試透過親身與支持者直接接觸以進行管治。這種分析方法在拉丁美洲及非西方社會的學者群中特別盛行。此進路強調民粹主義之出現，意味著魅力型強人之崛起：他既會集中權力、亦會直接和大眾溝通。根據這種觀點，民粹主義政治無法長久維繫：強人終會離世，之後的繼承過程亦必誘發衝突。

---

7 厄尼斯特．拉克勞（Ernesto Laclau，1935-2014）政治哲學家、後馬克思主義的代表人物。出生於阿根廷，曾就讀於布宜諾斯艾利斯大學，一九六六年阿根廷軍事政變後前往英國，就讀於牛津大學，畢業後在艾塞克斯大學政治系任教。拉克勞在政治理論和哲學上開創了一條獨特的道路，由於其出身背景，他深刻關注拉丁美洲的民粹主義問題，並對此現象進行反思，並提出更廣泛的社會主義戰略。

8 魯迪．多恩布什（Rudiger Dornbusch, 1942-2002），德裔經濟學家，芝加哥大學經濟學博士，一九七五年起任教於麻省理工學院。主要關注國際經濟學，尤其是貨幣政策、總體經濟發展和國際貿易，曾為國際貨幣基金組織工作，為穩定政策的發展提出具爭議性的做法，特別是對拉丁美洲國家。與愛德華茲（Sebastian Edwards）一起創造了總體經濟民粹主義之詞。

9 傑弗瑞．薩克斯（Jeffrey Sachs, 1954-），美國經濟學家，專長於發展經濟學，以擔任拉丁美洲、東歐、前南斯拉夫、前蘇聯、亞洲和非洲的經濟顧問聞名。一九八五年為玻利維亞提出的經濟改革方案解決了惡性通膨問題，後來被稱為休克療法。二〇〇二—二〇〇六年擔任聯合國祕書長安南的特別顧問，幫助開發中國家處理貧窮、債務減免和疾病問題。

最後要介紹的進路，則視民粹主義為大眾政治，領袖及政黨利用大眾風格動員群眾。這種分析方法廣為政治傳播學的研究採用，而媒體亦樂於使用。此進路下的民粹主義，是一種透過（故意）展露業餘及不專業的特質，以求獲得媒體注視及人民支持的政治行為。民粹行動者蔑視外觀的規範、漠視語言的風度，說明自己別樹一格且富有創見，勇於為「人民」反對「菁英」領袖。

以上種種進路各擅勝場，在各方面亦能與我們的理念分析法兼容。亦因如此，我們不會因取向不同就否定它們。我們的目的，是要在這本小書表達一種清晰而連貫的分析進路。我們相信如此有助讀者理解這個極其複雜而重要的現象：縱使這只是一家之言。

理念分析法

歷年來關於民粹主義性質的爭議，使部分學者主張民粹主義並非有意義的社會科學概念，另一些人則認為這個關乎價值規範的用詞，留給媒體及政界使用就好。這種不滿固然可以理解，但民粹主義這個詞在歐美的政治論辯中實在太關鍵，根本不可能捨而不用。而且我們可以好好定義這用詞，以至一方面既能準確描述古今民粹主義的主要展現方式，另一方面亦能精確地排除一些顯然不算民粹的現象。

在過去十年，有愈來愈多的社會科學家以「理念分析法」為定義民粹主義的主要方式：他們把民粹主義視為一種論述、一種意識形態、或是一種世界觀。雖然我們至今仍遠未稱得上已達成共識，但理念分析法對民粹主義的定義，已成功應用於全球各地的研究：其中以西歐的研究最為常見，但在東歐及美洲的研究中亦日趨普及。大部分採用理念分析法的學者都贊同我們的核心定義，縱然大家在細節上仍有分歧，也未必使用完全一致的用語。

雖然學界對如何界定民粹主義的特性莫衷一是，大部人仍會贊同民粹主義必然會以某種形式討好「人民」，同時又斥責「菁英」。這樣的話，若我們說民粹主義必然批評建制、歌頌平凡人，應該也不會有太大爭議。具體而言，我們會將民粹主義定義為**一種內容空泛的意識形態：這種意識形態認為社會終究可**

分成兩個內部一致而互相對立的陣營，一邊是「純粹的人民」、一邊是「腐敗的菁英」，並且主張政治理應彰顯人民的公共意志。

將民粹主義定義為「內容空泛的意識形態」，有助理解這概念何以就像輿論所言那般百變多端。意識形態其實就是一組價值規範的理念，這些理念稟述何為人性、何為社會，並提出社會該如何組織、又當有甚麼共同目標。簡單來說，這是一種說明現實世界如何、理想世界又當如何的觀念。有別於「內容充實」或「完整」的意識形態（比如法西斯主義、自由主義、社會主義之類），民粹主義這類「內容空泛」的意識形態難有固定的形貌，看起來就像依附在別的意識形態之上，甚至看似已被那些意識形態所吸納。事實上，民粹主義都會附上其他意識形態的元素：唯有這樣，民粹主義的政治方案才能吸引到更多公眾。亦因如此，民粹主義本身並無法為當代社會的政治議題提出複雜或詳盡的答案。

這意味著民粹主義之形貌可以千奇百趣，視乎其核心概念如何與別的意識形態連繫，藉此構成對其身處社會有一定吸引力的詮釋框架。因此我們必須把民粹主義理解成一種能讓個人分析和理解政治現實的認知地圖。這背後並沒有一個連貫的意識形態傳統，反倒像是一堆理念的集合：這些理念實際上來自各種不同，甚至是互相衝突的意識形態。

民粹主義意識形態內容空泛，乃部分學者把民粹主義視為過渡現象的原因之一：民粹政治要麼是失敗，不然若能成功興起，就會「昇華」成另一種更宏大的事物。民粹主義之所以無法持久，是因為其無可避免要挪用其他意識形態的概念：這些意識形態既複雜又穩定，也能催生民粹主義內部的「派系」。也就是說，雖然民粹主義能在特定時刻起到關鍵作用，但形塑民粹主義意識型態的那些概念，長遠而言至少會和民粹行動者的耐力同樣重要。亦因如此，民粹主義很少以純粹的形式出現，反倒經常與別的概念共生，甚至依靠這些概念維繫路線之存續。

關於理念分析法對民粹主義之定義，一直都廣受批評，論者認為這定義無所不包，以至任何政治行動者、政治運動及政治群體都有可能被定義為民粹。我們認為有用的政治學概念，既要包涵一切合乎定義之事物，也要排除各種其他的事物。也就是說，若不能對比非民粹的事物，我們自身對民粹主義的定義恐怕會無法理解。不過目前已至少有兩種直接相對民粹主義的現象，分別為菁英主義和多元主義。

與民粹主義相若，菁英主義亦以單一論及摩尼教二元論的方式，把社會分為一組鐵板一塊的「善人」、一組鐵板一塊的「惡人」。不過菁英主義對群體美德的看法，卻與民粹主義大相逕庭。簡要而言，菁英主義者相信「人民」既危險、亦不老實、而且粗鄙不文，而「菁英」不只情操高尚，在文化及知識層面同樣高人一等。亦因如此，菁英主義者主張政治當由菁英所壟斷而獨享，人民對此無可置喙；有些菁英乾脆否定民主（如佛朗哥[10]或皮諾契[11]），或主張設限的民主制度（如奧特嘉・伊・加塞特[12]和熊彼得[13]）。

多元主義直接否定民粹主義和菁英主義的二元論觀點，認為社會是由林林總總的社會團體組成，縱使部分團體互相重疊，但各團體理念眾說紛紜、亦各有其自身利益。按多元主義的觀點，眾聲喧嘩乃社會之長處而非弱點。多元主義者相信社會應有多個權力中心，而政治就是要透過妥協和共識，盡可能反映

眾團體的利益和價值。這就是說，多元主義主張權力當分散到社會各處，從而

---

10 佛朗哥（Francisco Franco, 1892-1975），西班牙軍人，以軍功於一九二六年升任將軍。一九三六年，他參與反共和政府的武裝叛亂，叛軍由民族主義者、長槍黨、法西斯主義者、保王派、反共產主義者等組成，後由佛朗哥擔任總指揮，並得到希特勒和墨索里尼的支持，內戰後期並將所有派系統一至長槍黨，長達三年的西班牙內戰後，就任國家元首，一黨專政獨裁統治，鎮壓反獨裁運動、長槍黨以外的其他政黨和共產主義運動，直至一九七五年去世。有關佛朗哥與長槍黨，在本系列《法西斯主義》有更多闡述。

11 皮諾契（Augusto Pinochet, 1915-2006），前智利總統、軍事獨裁者。一九七〇年左派人民陣線於智利大選勝出，時為准將的皮諾契數年內快速晉升為少將、陸軍總司令、陸軍總參謀長，一九七三年八月出任智利陸軍總司令，九月在美國的支持下發動政變，阿言德總統自殺身亡，皮諾契特建立右翼軍政府，統治智利長達十七年。任內行新自由主義經濟改革，殘酷打擊異議分子，一九九〇年辭職後，智利方回歸民主體制。

12 奧特嘉．伊．加塞特（José Ortega y Gasset, 1883-1955），西班牙的哲學家、作家。在馬德里獲得學位並任教，曾赴德國研讀，受胡賽爾、海德格影響甚深，其哲學主要是存在主義、歷史哲學，以及其對歷史和現代文化的分析，尤其是對獨特的群眾、現代等主題研究。

13 熊彼得（Joseph A. Schumpeter, 1883-1950），美國經濟學家、社會學家。在維也納接受教育，曾於格拉茨和波恩大學任教，亦於一九一九年短暫擔任奧地利政府的財政部長。一九三二年起任教於哈佛大學，以其資本主義發展和商業周期理論而聞名。他認為資本主義最終會因自身的成功而消亡，讓位於某種形式的公共控制或社會主義，對經濟理論的影響巨大。

避免讓少數群體——比如男性、族裔社群、經濟鉅子、知識分子、軍人或政界人物，諸如此類——能憑一己之意凌駕他人。

我們同樣也亟需辨別民粹主義和侍從主義之間的根本差異：這兩個詞語經常被一些文獻混用（尤其是拉丁美洲政治的相關文獻）。最洽當的做法，是把侍從主義理解成選區人民與政客之間某種交易模式：選民在這種交易中獲得好處（比如是收取現金，或是獲得就業機會、福利、服務等特權），並以支持金主或特定政黨為回報。拉丁美洲的民粹領袖擅於運用侍從關係勝出選戰、維繫政權，這是毋庸置疑的。不過他們並非唯一一批會這樣做的人，因此我們亦沒有理由認為民粹主義必須依附於侍從主義。民粹主義主要是一種意識形態，可以是不同政治行動者與各選區人民的共同想法；而侍從主義本質上是種策略，（主張各種意識形態的）領袖和政黨都可以運用這種策略，以取得政權、輔助施政。

侍從主義和民粹主義之間唯一可能的共通點，是兩者都與左右政治分野無關。不論是政黨與選民間的侍從連繫，還是對左翼或右翼政治路線的依從，兩者都不是能界定民粹主義的特徵。民粹主義可以採取任何的組織形態，也可以主張各種不同的政治方案，一切端視乎促使其冒出的社會經濟或社會政治處境。也就是說，民粹主義因內容空泛的特質，能夠以百變形象適應各種時代、各個地方的需要。舉例來說，拉丁美洲的民粹主義者在一九九〇年代多披上新自由主義的外衣（比如秘魯的藤森謙也[14]），但到二〇〇〇年代卻多採用激進左翼的姿態（比如委內瑞拉的烏戈．查維茲[15]）。

核心概念

民粹主義有三大核心概念：人民、菁英、以及公共意志。

---

14 藤森謙也（Alberto Kenya Fujimori Inomoto, 1938-），日本裔秘魯政治人物、前秘魯總統，於1990至2000年擔任秘魯總統。本書後續有多處詳細討論。

15 烏戈．查維茲（Hugo Chávez, 1954-2013），前委內瑞拉總統，以強烈的反美主義及推行社會主義經濟政策著名，二〇一三年任內病逝。在本書後面章節將多次提及。

人民

關乎民粹主義概念與現象的爭辯，很多時候都圍繞在「人民」這個虛無飄渺的詞語。幾乎所有人都贊同「人民」是種社會建構，或至少是某種對現實的詮釋（和簡化）。這詞語既是如此虛浮，使不少學者認為這是個無用的概念，而另一些學者則嘗試尋找更具體的替代概念，比如「心臟地帶」[16]之類。然而，拉克勞曾努力地指出，正因為「人民」是種「空洞能指」（empty signifier），民粹主義才能成為一種強勢的意識形態和社會現象。由於民粹主義能以不同框架詮釋「人民」這個概念，藉此討好不同的選區並回應各種訴求，使其能夠營造橫跨不同團體的共同認同，並促使眾人攜手爭取共同的目標。

雖然「人民」是個有彈性的社會建構，但這個詞語通常都包涵以下三種含意：人民主權、平凡人、國族。而分辨「人民」和「菁英」的主要方法，都是通過辨認這些人的各種次要特徵：比如是政治權力、社經地位、國籍等等。基本上所有類型的民粹主義，都會採用一籃子的次要特徵區去辨別「人民」，極少會執著於其中一種特徵。

認為主權屬於人民大眾的講法，建基於近代民主理念：「人民」不單是政治權力的終極來源，他們本身也是「統治者」。這種講法與美國獨立和法國革命的經歷有關，並經美國總統林肯的名言歸納為「政府民有、民治、民享」。然而，民主體制的建立，卻未能完全消弭統治者和被統治者之間的鴻溝。在一些情況下，擁有主權的人民會覺得在位的菁英未有（好好地）代表其權益；亦因如此，他們會批評政治建制，甚至發起叛亂。如此則為「讓人民奪回政府」的民粹抗爭搭建舞台。

換句話說，「主權在民」乃各種民粹主義傳統的共同話題，用以提醒大家：民主政權得享政治權力，有賴眾志成城。若然政權忽略這點，或會引來反對者的動員，甚至引發叛亂。這論述正好就是十九世紀末美國人民黨（又名民粹黨）興起的動力，也助長了二十世紀以至今日美國各種民粹主義的展現。

而「人民」一詞的第二種含意，就是「平凡人」。「平凡人」一語，或明或

16〔譯註〕The Heartland，位於美國中西部內陸的文化區域。

暗地指涉包涵社經地位、特定文化傳統和人民價值的複合概念。談論「平凡人」，往往就是要去批判質疑常民判斷、品味和價值觀的主流文化。有異於菁英主義的觀點，「平凡人」的講法重視那些因社會文化或社經地位而被排擠或蔑視的群體，肯定他們是有尊嚴、有見識的一群。正因如此，民粹領袖以及支持他們的選民，經常都會採用被主流文化視為低俗的文化元素。比如說，裴隆以嶄新的概念及展現方式論述阿根廷的政治共同體，歌頌邊緣群體於其中的角色，特別是那些被稱為無衫黨和黑頭黨[17]的一群。

在各種被標籤為民粹的經驗中，關心「平凡人」的權益和想法都是最常見的訴求之一。值得留意的是，「人民」的定義既能包容、亦可分化：這概念既嘗試團結憤怒而沉默的大多數，同時又想動員大多數人攻擊特定的敵人（比如是「建制」）。這種反菁英的衝動，往往伴隨著對政黨、大型機構、官僚等體制的批判，認為這些體制會扭曲民粹領袖與「平凡人」的「真實」連繫。

把「人民」等同國族，則是這個詞語的第三種含意。「人民」在這種情況被視為國族群體，或是公民國族、或是族裔國族：就像我們談及「巴西人」或

「荷蘭人」那樣。這意味著特定國家內的「本地人」都是「人民」之一員，並組成共同生活的社群。這些由「人民」組成的社群，就順理成章地成為獨特國族的代表，這些社群亦多依靠族群神話維繫。不論如何，要界定國族邊界絕不容易。要把「人民」定義為既存國家的人口，早已被證實為艱鉅的任務，特別是在多族群混居的地方。

菁英

有異於「人民」一詞，曾為「菁英」一語作理論定義的論者不多。這個詞語顯然與倫理道德有關，因為它要區分純粹的人民與腐敗的菁英。不過這種定義，卻不太能告訴我們**誰**是菁英。大部分民粹主義者不只抗議政治體制，也會批判經濟、文化和傳媒這些領域的菁英。這些菁英，都被描述為不利於「公共

17〔譯註〕無衫黨（descamisados）和黑頭黨（cabecitas negras）都是對基層工人的俗稱，有點像台灣人說的「赤膊」和「黑手」。

意志」的單一的腐敗團體。雖然這基本上是按道德立場而分類，但論者仍然可依據林林總總的定義辨別菁英。

首要而言，權力乃界定菁英的定義基礎。也就是說，菁英包括大部分已在政治、經濟、傳媒及文藝界中取得領導地位的人。當然，這並不包括民粹主義者本身，以及各界別內的民粹支持者。舉例來說，奧地利自由黨一直批評「傳媒」為「菁英」辯護，亦未公正報導他們的消息，但他們卻視《皇冠報》為例外。這份幾乎有五分之一的奧地利人追看的流行小報，一直都是自由黨及其後期領袖約爾格·海德爾[18]的鐵桿支持者，也因此被視為人民真正的聲音。

由於民粹主義基本上採取反體制立場，不少學者認為民粹主義者在定義上就無法維繫自身的權力。畢竟，掌權就會使他們成為「菁英」(的一部分)。可是這種觀點忽略人民與菁英的區別，本質上關乎倫理而非處境，亦與民粹領袖的資源是否豐富無關。從斯洛伐克的弗拉基米爾·梅恰爾[19]，到後來的委內瑞拉總統查維茲，掌權的民粹領袖都能透過微調對菁英的定義，從而延續反體制的修辭。基本上他們的辯解都主張，民主選舉的領袖——也就是民粹主義者本身——並未能掌握「真正的」權力，而是取決於某些把持不法權力、淩駕人民意見的陰暗勢力。這種「偏執多疑政治風格」之展現，正好呼應美國進步派歷史學家理查德・霍夫施塔特[20]對民粹主義的描述。

就如上文提及關於人民的定義，菁英這個詞語，亦可以用經濟（階級）和國族（真正）的語言做界定。縱使民粹主義者想捍衛一個後階級的世界，多主

18 約爾格・海德爾（Jörg Haider, 1950-2008），奧地利政治人物，極右翼的奧地利自由黨在其領導下持續取得選舉成果，並進入奧地利執政人民黨聯合政府，並曾擔任克恩頓（聯邦州）的州長（一九八九—九一，一九九九—二〇〇八），任內因車禍而亡。他譴責移民，反對歐盟向東擴展，對希特勒和納粹的言論格外引起爭議。

19 弗拉基米爾・梅恰爾（Vladimír Mečiar, 1942-），斯洛伐克政治家。一九九〇年代總理任內，自捷克獨立為斯洛伐克共和國，梅恰爾不斷鼓吹民族主義大旗，其後來的領導與獨裁統治、腐敗、經濟停滯連結在一起。

20 理查德・霍夫施塔特（Richard Hofstadter, 1916-1970），美國公共知識分子、歷史學家、哥倫比亞大學教授。代表作有《美國政治傳統》、《改革的時代》、《美國生活中的反智主義》。一九六四年贏得普立茲獎的《美國生活中的反智主義》，霍夫施塔特提出了具有爭議性的論點：即傑克遜民主制的平等主義、民粹主義情緒這些主題在美國政治歷史中反覆出現，導致許多美國人對知識分子產生根深柢固的偏見。

張階級分野是一種要貶低「人民」、並維持「菁英」權力的人為建構，可是他們仍會以經濟用語界定何為菁英。這種講法在左翼民粹主義者之間尤其普遍：他們嘗試把某種語焉不詳的社會主義，揉合到其民粹主義之中。即使是右翼的民粹主義者，也會和人民與經濟菁英之間的終極鬥爭連繫起來。他們認為政治菁英和經濟菁英沆瀣一氣，把「特殊利益」置於人民「公共意志」之上。不過這種批評，並不必然反對資本主義。舉例來說，不少美國茶黨的活躍支持者都頑固地捍衛自由市場，卻也相信大企業透過在國會的代理人，通過侵蝕自由市場的保護主義法案遏止競爭，令小企業的發展窒礙難行。這些小企業，被視為推動資本主義的真正力量，亦是「人民」的一分子。

對掌權的民粹主義者來說，將菁英與經濟權力連繫起來的論述尤其有用，因為這有助為其政治挫折開脫；言下之意，那些失去政權、但仍然擁有經濟權力的菁英，都在暗中破壞。這種論辯在後共產年代的東歐時有所聞，特別是在轉型中的一九九〇年代，而此刻仍常見於拉丁美洲的左翼民粹總統。比方說查維茲總統經常指責經濟菁英妨礙他將委內瑞拉「民主化」的努力，而領導左翼民粹主義政團激進左翼聯盟的希臘總理阿萊克西斯・齊普拉斯[21]，則譴責「希臘的說客和寡頭政客」正在架空其政府（無獨有偶，這兩項指控都缺乏實據）。

民粹主義者亦往往認為，菁英不只忽視人民的權益，更不利於國家的利益。在歐洲聯盟的民粹主義政黨，會指責政治菁英把歐盟利益置於國家權益之上。類似的情況，拉丁美洲的民粹主義者在過去幾十年，也指控政治菁英只捍衛美國的利益，而未顧及本國權益。此外亦有揉合反猶主義和民粹主義的論者，他們相信一種古老的反猶陰謀論，認為本國的政治菁英是「錫安主義[22]的

---

21 阿萊克西斯・齊普拉斯（Alexis Tsipras, 1974-），希臘總理。二〇〇八年被選為激進左翼聯盟的領導人，並在次年當選為國會議員，二〇一五年成為希臘史上最年輕的總理，他堅決反對樽節、不接受紓困方案附加的限制，批評緊縮政策打擊國家經濟，但最後他仍然只能接受歐洲債權人及IMF的救助，被迫持續緊縮。除了經濟問題，二〇一九年與馬其頓共和國改名達成的協議更引發大規模抗議，儘管挺過五次不信任投票，最終在執政四年後敗選。

22 錫安主義（Zionism），或譯「猶太復國主義」，是猶太人發起的一種民族主義政治運動，目標是在古老的猶太人故鄉巴勒斯坦建立和支持一個猶太民族國家。錫安指的是位於耶路撒冷附近的錫安山，代指「耶路撒冷」、「以色列之地」。一九一七年，英國外相的貝爾福宣言中說「英皇陛下政府贊成猶太人在巴勒斯坦建立一個民族之家，並會盡力促成此目標的實現。」一九二二年，

代理人」。比如在東歐和中歐，領導保加利亞攻擊黨和更好的匈牙利運動這類右翼民粹政黨的政客，會譴責本國菁英是以色列或猶太人利益的中介人。

最後，民粹主義亦能與（譯按：族裔）國族主義完全融合，同時以倫理道德和族裔身分區別人民和菁英。如此菁英就不只是外來勢力的代理：他們本身就是外來者。令人奇怪的是，這種修辭在歐洲的排外民粹主義者之間不是那麼普遍：因為（各界別的）菁英幾乎都是「本土」的。即使不算東歐的反猶修辭，當代的拉丁美洲是族裔民粹主義（或曰「民族民粹主義」）最盛行的地方。例如玻利維亞總統埃沃．莫拉萊斯[23]會區別純正的「麥士蒂索」[24]人民與腐敗的「歐裔」菁英，直指玻利維亞種族化的勢力平衡[25]。

雖然民粹主義主要以道德倫理區分敵我，民粹行動者仍會用一些次要的特徵區分人民和菁英。如此民粹主義者在取得政治權力時，就能得到珍貴的理論彈性。雖然以同樣的標準界定菁英與人民，是比較合乎常理的做法，但實際上卻不都會如此。舉例來說，歐洲的排外民粹主義者通常以族裔定義誰是人民，藉此排除「外來者」（比如是移民及少數族裔），但他們不會聲稱菁英是異族成員。他們只會指出菁英偏好移民的利益，而非本地人的權利。

民粹主義者往往會揉合各種關乎菁英和人民的定義，比如是階級、族裔和倫理道德。像莎拉．裴琳和茶黨這類美國右翼民粹主義者，會把菁英描述成喝拿鐵咖啡、開富豪汽車[26]的東岸自由派。與他們暗暗相對的，則是飲普通咖啡、開美產汽車、住在美國中部（心臟地帶）的真實／平凡／本土人民。領導右翼

國際聯盟將巴勒斯坦地區交與英國託管。二戰時納粹對猶太人的大屠殺，使得世界各地的猶太人團結在錫安主義的計畫中。一九四八年以色列建國，之後的世界錫安主義組織成為一個致力於協助和鼓勵猶太人遷往以色列的組織。

23 埃沃．莫拉萊斯（Evo Morales, 1959-），玻利維亞的印第安原住民政治家，勞工領袖，於二〇〇六—二〇一九年擔任總統，是玻利維亞第一位沒有歐裔血緣的原住民總統。生長於務農的家庭，他們種植的作物包括用於生產可卡因的古柯，於一九八五年當選為古柯種植者聯盟祕書長，進而擔任工會執行祕書，而後創立政黨。關於莫拉萊斯本書後續有更多說明。

24〔譯註〕「麥士蒂索」（Mestizo），即南美洲原住民與歐洲裔移民的混血後代。

25〔譯註〕玻利維亞有六成人口為原住民、有約兩成半麥士蒂索人，餘下約一成半則為社經地位較高的歐裔人。

26〔譯註〕Volvo，以前曾是以中高價汽車聞名的瑞典汽車生產商，於二〇一〇年被來自中國的吉利汽車併購。

民粹主義政黨單一民族黨的寶琳・韓森[27]，則把澳洲鄉郊以英國拓殖傳統為榮的真實人民，與城市的知識菁英作對比，指責後者「想把澳洲還給原住民，從而顛覆這個國家」。

公共意志

公共意志這個詞語（亦可稱為總意志），是民粹主義意識形態最後一個核心概念。民粹行動者和選區內的支持者使用這個詞語，隱喻一種在著名哲學家盧梭[28]著作中常見的政治概念。盧梭把公共意志（general will, volonté générale）和集體意志（will of all, volonté de tous）區別開來：前者乃人民組成社群並為公眾利益訂立規則的能力，後者則純粹是個別利益於特定時刻的總和。民粹主義以一元論的倫理標準區分純粹人民與腐敗菁英的做法，正好強調公共意志的存在。

從這個角度看，政治人物的任務頗為簡單：就像英國政治理論家瑪格麗特・坎諾萬[29]描述那樣，他們應該「既有足夠的覺悟明瞭何為公共意志，又有足夠的魅力把個別公民凝聚成團結的社群，使他們有實踐意志的能力」。查維茲在二〇〇七年的就職演說，乃民粹主義公共意志論的經典範例：

「沒有任何事情……可以更合乎人民的信條：在關乎治理、基本法律、根本規則的重大原則上，諮詢國族全體。每個個體都會犯錯、都會受到誘惑，但（全體）人民卻不會如此：因為他們深知自身之權益、深明達成自

27 寶琳·韓森（Pauline Hanson, 1954-），澳洲政治人物，極右翼政黨單一民族黨創始人和黨魁，一九九六—九八年任澳洲議會議員。其政治理念是右翼、保守、反有色人種移民、反對多元文化，反對新移民在多元文化社會中保持自己的語言和文化，反對給予少數族裔政治上的優待。二〇〇二年被迫退出單一民族黨，二〇一四年重返該黨成為領導人。

28 盧梭（Jean-Jacques Rousseau, 1712-1778），啟蒙時代的法國哲學家、政治理論家。《社會契約論》具體呈現了盧梭的政治思想：人類原始的「自然狀態」無法公正地解決衝突，於是人民訂定契約，放棄部分自由轉讓給集體，人類才能得到平等的契約自由。人民根據個人意志投票產生公共意志，如果主權者走向公共意志的反面，那麼社會契約就遭到破壞；人民有權決定和變更政府形式和執政者的權力，包括用起義的手段推翻違反契約的統治者。

29 瑪格麗特·坎諾萬（Margaret Canovan, 1939-2018），英國政治理論家，以漢娜·鄂蘭的研究著稱，其對民族主義、民粹主義的研究亦備受稱許。

主之道。（人民）這種判斷既然純粹，其意志就必然堅定，富貴不能淫、威武不能屈。」

不少民粹主義者通過公共意志的論述，以盧梭式的口吻批判代議制政府。他們將之視為貴族的政制：人民只能於選舉期間被動員，除了選擇代議士外無事可為。同時，對於盧梭主張那種自我管治的共和烏托邦，他們則推崇備至，認為公民可同時具備立法和執法的能力。毫無意外，歷年來各地的民粹行動者，亦多主張實踐公投或公決這類直接民主機制。舉例來說，從秘魯前總統藤森謙也到厄瓜多現任總統拉斐爾．柯利亞[30]，當代拉丁美洲的民粹主義多偏好透過選民大會發動公投，藉此推行憲制改革。

亦因如此，民粹主義與直接民主、甚至與各種能有助民粹領袖與選民直接交流的機制，之間都有種雷同。用另一個角度說，有策略地推動那些有助建立所謂公共意志的制度，乃民粹主義政治其中一個實質後果。在實際操作上，民粹主義的支持者，會批評建制無法及／或無意回應人民的意志。這些批評往往不是毫無根據。比如左右兩翼的歐洲民粹政黨都批判歐盟政治的菁英主義，而當代拉丁美洲左翼民粹主義者則批評（舊）菁英漠視（真）人民的煩惱。

民粹主義的公共意志論述，與其說是透過公共領域建立的理性程序，倒不如說是一種基於「常識」的論述。也就是說，這種特定的鋪陳形式，可以把形形色色的訴求集合起來、亦能有助辨認共同的敵人。民粹主義者以人民之公共意志為理由，以其特殊的表達邏輯建立具有強烈身分認同（「人民」）、並且有能力挑戰建制（「菁英」）的人民群體。就此而言，民粹主義可被視為推動民主化的力量：因為民粹主義捍衛人民主權的原則，亦旨為那些感到被政治建制忽略的群體賦權。

然而，民粹主義亦有其陰暗面。不論民粹主義是用那種方式顯現，其一元論的核心思想——尤其是關於「公共意志」的論述——卻可能有支持威權的傾向。事實上，不少民粹行動者及其選民對政治的理解，和德國政治理論家卡爾·

30〔譯註〕於二〇〇七至二〇一七年擔任厄瓜多總統。本書英文版成書於二〇一七年，故曰「現任」。

施密特[31]的講法頗為接近。施密特認為單一而同質的人民，乃民主秩序必要的基礎。就此而言，公共意志以人民的團結為根基，須要在人民與非人民之間確立明確的界線：也就是說，不會對非人民平等相待。簡要而言，民粹主義暗示公共意志是封閉而絕對，亦因而可能認可對那些（被指為）損害人民同質性的人施加威權及非自由的攻擊。

部分論者甚至認為民粹主義有反政治的本質：因為民粹行動者及其選民都想建立反政治的烏托邦，好讓「吾等人民」同過無爭拗（或無異議）的生活。這正好契合保羅・塔加特[32]對「心臟地帶」的描述：在這個民粹主義者想像中的社群和地域，其住民有著均一的認同，既真實也無法腐化。然而這只是民粹主義者的其中一面。他們同時亦聲言反對「政治正確」，主張打破菁英加諸人民身上的「禁忌」，推動把一些被建制有意無意地忽略（或不夠重視）的議題再政治化：比如說西歐的移民議題，或是拉丁美洲所謂的華盛頓共識[33]爭議。

理念分析法的長處

通過理念分析法，我們把民粹主義定義為一種內容空泛的意識形態，它曾於不同的歷史時空出現在世界各地，有著百變的形態、也有形形色色的「次分

---

31 卡爾・施密特（Carl Schmitt, 1888-1985），二十世紀德國的著名法學家及政治思想家，其思想對當代法律及政治學產生了重大影響，他也經常被認為是對自由主義、議會民主和自由世界主義的最重要批評家之一，但因為施密特也是納粹主義的信徒與參與者，導致其思想、論述受到廣泛的質疑及爭議。

32 保羅・塔加特（Paul Taggart），英國蘇塞克斯大學政治學教授，曾擔任該大學歐洲研究所所長、政治系主任等職，研究主要集中在比較政治、民粹主義和歐洲懷疑主義，曾任 *Government and Opposition* 和 *Politics* 期刊編輯，亦為 BBC 當地電台的時事評論員。

33 華盛頓共識（Washington Consensus），指國際貨幣基金組織（IMF）、世界銀行和美國財政部就開發中國家的經濟政策建議達成的一致程度，這些建議一般被貼上新自由主義標籤的觀點，也就是自由市場的運作和減少國家干預，世界銀行和 IMF 藉由將政策條件（稱為穩定和結構調整計畫）附加到它們提供的貸款中，從而在開發中世界推廣這種觀點，尤其是在拉丁美洲。一九八九年英國經濟學家威廉森（John Williamson）首次使用這個詞，後來被廣泛用於貶義，從而被評論為美國支配拉丁美洲經濟的手段。

類」。雖然我們可以用其他方法理解民粹主義，比如說視之為一種跨階級的社會運動、以至是將其歸類為某種動員方式或政治策略，但理念分析法還是有若干優勢，我們將於隨後的章節仔細闡明。

首先，把民粹主義視成內容空泛的意識形態，有助理解何以民粹主義在現實世界中變化多端。由於這種意識形態的核心概念過於簡單，民粹主義看起來必然依附在其他概念，或其他意識形態的系譜之上：對民粹行動者而言，這一切至少和民粹主義自身同等重要。民粹行動者經常把民粹主義，和各種內容空泛或內容豐富的意識形態揉合：當中包括農業主義、國族主義、新自由主義和社會主義。

與那些將民粹主義局限為特定動員模式、或領導風格的做法相比起，理念分析法能夠兼顧各路常與民粹主義相提並論的政治行動者。民粹行動者有林林總總的動員風格，有的發動組織鬆散的社會運動，有的建立組織嚴密的政黨。與此相若，雖然有些領導風格確是較為普遍，但民粹領袖歸根究柢是性格迥異的一群。他們之間的共通點，就是會謹慎營造代表人民輿論的形象。

理念分析法的定位，亦能為關於民粹主義最重要的爭辯，提出一個更詳盡、更全面的答案：究竟民粹主義與民主政治有何關係？有別於多數反對者或少數支持者的論調，民粹主義與民主政治的關係絕不單純。其複雜之處，在於民粹主義既是（自由）民主的摯友、也是其仇敵：一切視乎社會在民主化過程的階段。

最後，把民粹主義定義為一種意識形態，有助我們同時兼顧民粹政治的需求面與供應面。大部分研究都把民粹主義定義為政治菁英的風格或策略，故此只能聚焦在供應的層面。我們的進路卻能夠看到對民粹主義的需求，也就是大眾對民粹理念的支持。這種做法，使我們能夠對民粹風潮有更詳盡的理解，亦有助分析以民主方式回應民粹主義的利弊。

第二章 世界各地的民粹主義

研究民粹主義的學者都認為這是一種近代獨有的現象。傳統的觀點以為民粹主義源於十九世紀末的俄國和美國，其理念和政體皆與民主政治的擴展息息相關。如今民粹政治幾乎傳遍各大洲、影響著不同的政權，不過在歐美民主國家特別風行。雖然民粹主義者都有共同的論述，民粹政治卻是極為龐雜的政治現象。個別的民粹行動者可以是左翼、也可以是右翼，有些是保守派、有些是進步派，有信教的、也有世俗的。

因為民粹主義變幻莫測，有些觀察家乾脆否定民粹主義這個詞語，認為如此多元混雜的事物必然缺乏內涵。然而民粹行動者之所以百變多端，主要是因為民粹主義幾乎不會單獨存在，而不是因為它沒有核心特質。由於民粹主義是種內容空泛的意識形態，亦只會關注有限的議題，所有民粹行動者都會將其民粹主義與其他意識形態結合。後者可姑且稱為宿主意識形態。總括而言，大部分的左翼民粹主義者會將其民粹主義與某類社會主義結合，而右翼民粹主義者則偏好和某類國族主義結合。

民粹行動者的興起，都是由其社會特有的不滿所推動。這些不滿影響民粹行動者如何選擇宿主意識形態，而這些意識形態則會限制行動者如何定義「人民」和「菁英」。由於國內政治處境往往深受區域以至全球局勢影響，特定地區或時期的民粹行動者之形態可以很相似。舉例來說，就當代歐洲的處境而言，歐洲聯盟無所不及的政治規範，可謂形塑國內政治的主要力量。民粹政治亦受其波及——歐盟區的民粹行動者幾乎都是疑歐派，縱使各人疑歐的風格和程度各有不同。

在這一章，我們會簡要地回顧過去一百五十年來主要的民粹行動者，並聚焦於民粹主義特別盛行的美洲、拉丁美洲和歐洲。我們將簡單介紹各行動者身處的政治處境、他們的獨特性格、以及其採用的宿主意識形態。此外也會說明這三大區域的民粹主義者，在關鍵時刻怎樣詮釋何為人民和菁英。到最後我們會提及近年活躍於三大區域外——特別是在亞洲、中東和撒哈拉以南的非洲——的民粹行動者。

北美洲

民粹主義動員在北美洲的歷史悠久，特別是美國，其源流可追溯至十九世紀末。這片大陸中，在州的層次曾出現過為數不少的民粹領袖：比如是路易斯安那州州長休伊・朗和加拿大亞伯達省的普雷斯頓・曼寧[1]。然而在絕大多數的情況，支撐主要民粹主義勢力的社會運動，在中央層次的領導和組織都相對薄弱。不論是十九世紀末的農民反抗運動，還是二十一世紀初的占領華爾街運

1〔譯註〕原文稱為省長，但擔任省長的其實是其父親厄尼斯特・曼寧（Ernest Manning），其任期為一九四三至一九六八年，他同時也是亞伯達民粹政黨社會信用黨（Social Credit Party of Alberta）的黨員。

動[2]及茶黨運動[3]，北美的民粹主義大多源自突發事件。這些運動都局限於地區層面的動員，其組織亦甚為脆弱。

北美洲的邊疆州分於十九世紀末經歷了重大的經濟和社會轉型。比如是開拓鐵路系統這類基礎建設的發展，或是鑄造銀幣這類經濟轉型，對農村的負面衝擊尤其嚴重。原先那種農業主義和民粹主義的混合體，在十九、二十世紀之交被所謂的草原民粹主義迎頭趕上。民粹情感在這段時期瀰漫著整個北美洲，在加拿大西部各省、以及美國西南部和草原區尤其強烈。

此時草原民粹主義者把「人民」理解成農民，特別是歐裔的小地主和自耕農。他們根據生產者至上論——一種對北美洲民粹主義影響深遠的講法，把農民說成是耕墾土地並生產一切民生物資（特別是衣裳和食物）的純粹人民。而那些在美國東北當銀行家和政客的菁英，既不事生產、又以高息貸款剝削農民。雖然民粹主義者起初曾顯現過反猶和種族主義的性格，但他們區別人民與菁英的主要方式，卻與族裔或宗教上的特徵關係不大。事實上，他們看重的是倫理道德、地理和職業上的分野，也就是農村的好農人與那些在城市沆瀣一氣的銀行家和政客之區別。

在加拿大和美國的聯邦制下，民粹主義的政客和政黨雖然能夠在地方或區域層次得到影響力和成就，卻未能將勢力投射到全國。在一八九〇年代，被大眾稱為民粹黨的美國人民黨曾在幾個州議會奪得席次。可是他們卻沒有跨地域的領袖，因此人民黨決定在一八九六年的總統選舉支持民主黨候選人威廉・布萊恩[4]。布萊恩敗選後，民粹主義後勁不繼，不過在二十世紀初還是偶爾出現

---

2 占領華爾街是二〇一一年秋天由加拿大反消費主義組織發起，提議以和平集會的形式占領華爾街，抗議二〇〇七—八年金融風暴以來大公司的貪婪與社會的不公義。九月十七日，約有一千人聚集在紐約曼哈頓的祖科蒂公園，抗議迅速擴展到舊金山、芝加哥、西雅圖、波士頓等城市，國際上包括捷克布拉格、德國法蘭克福、加拿大多倫多、澳洲墨爾本、日本東京、愛爾蘭科克等城市也有支持響應。十一月十五日，紐約市當局與祖科蒂公園所有者發動強制清場，過程亦有衝突。

3 茶黨運動亦是金融危機後、二〇〇九年在美國興起的保守民粹主義社會和政治運動，茶黨名稱起源於一七七三年波士頓茶葉黨的反徵稅事件，二十一世紀的茶黨運動普遍反對過度徵稅，同時也反對政府對私營部門的干預，並支持加強移民控制。阿拉斯加州長裴琳成為副總統候選人後，儼然成為茶黨發言人。

在廣義的進步運動中。在一九三〇至一九六〇年代的加拿大，上至亞伯特、下到魁北克，社會信用黨在好幾個地區的省分氣勢磅礴地贏得選戰、奪得公職。但是在聯邦層級的加拿大社會信用黨，卻受制於地方派系之間的鬥爭，無法發展成主要的全國政治勢力。

冷戰剛爆發時，民粹主義復仇者的姿態於反共運動中再現。不安的時局，再加上美國保守主義者對左翼思潮一貫的恐懼和抗拒，引發一場無固定形態的右翼群眾運動：這場運動，使美國民粹主義的主流從進步轉向反動。按反共民粹主義者的說法，「人民」就是住在心臟地帶那些平凡而愛國的「真」美國人，而「菁英」就是那些支持「非美國」社會主義價值的沿岸（尤其是東北）住民。他們把民粹主義與生產者至上論扣連，認為純粹的人民被在上的腐敗菁英和在下的種族化賤民聯手擠壓。他們指責菁英為鞏固權力，掠奪辛勞人民的財富，並將其「再分配」給非白人的賤民。

到一九七〇年代，這場反共運動大體上已從公眾視野中消失。當時麥卡錫主義[5]——一場由共和黨威斯康辛州參議員約瑟夫・麥卡錫發動的反共獵巫行動——的遺害已經廣為人知。同時，冷戰雙方亦改採緩和政策，美國的國勢亦逐漸超越蘇聯，這都有助消除之前公眾對共產政變神經質的恐懼。然而部分主流共和黨對民粹主義的群眾號召力念念不忘，他們渴望能從一般美國人的右傾民怨中獲益。縱使美國第三十七任總統尼克森晚年聲名狼藉，卻是其中一位擅於運用這股民氣的人。雖然他心底裡不是一位民粹主義者，卻把「沈默的大多數」這個用語普及化：這群主流的（真）美國人，在象徵上、實際上都被（自由派）菁英噤聲。

4 威廉·布萊恩（William Jennings Bryan, 1860-1925），一八九〇年布萊恩以民主黨人的身分當選國會議員，擅演說，一八九六年獲民主黨總統候選人提名，大選失敗，一九〇〇、一九〇八年參選亦均以失敗告終。一九一二年大選支持威爾遜當選，被任命為國務卿，不久因反對美國參與歐戰而辭職。

5 麥卡錫主義（McCarthyism），威斯康辛州參議員約瑟夫·麥卡錫（Joseph McCarthy）在一九五〇年代發起，宣稱政府各領域被共產黨滲透，對名單中人進行一系列調查和聽證會，以阻止美國被顛覆，這些指控導致許多人被列入黑名單或失去工作。後來這個詞被指稱為藉由宣傳、以不公平的調查或未經證實的指控誹謗人格或聲譽。

右翼民粹主義亦支撐著第三黨在二十世紀末最成功的兩場總統大選。在一九六八年，前民主黨阿拉巴馬州州長喬治・華萊士以美國獨立黨候選人身分參加總統選舉，取得近一千萬票、亦即十三・五％的選票。保衛種族隔離制度是他唯一的競選政綱，其訴諸生產者至上論的民粹主義，同時針對下層貧窮的非裔美國人、以及上層反種族隔離的白人菁英。結果華萊士一口氣奪得五個南部州的選舉人票[6]。到一九九二年，來自德克薩斯州的億萬富翁羅斯・佩羅更上層樓：他取得近兩千萬票、即十八・九％的選票。他的競選口號是「美國團結必勝」[7]其政綱包涵一連串右翼關懷的議題，比如是財政赤字和槍械管制：總體上是溫和的生產者至上論，伴上強烈的民粹主義。佩羅以庶民的語言，將純粹的心臟地帶與腐敗的東岸對立起來，並承諾要為（真）美國人替華盛頓「清理門戶」。他後來創立改革黨，以領導人姿態於一九九六年再度參選。這次選戰的成就遠不及上屆，但佩羅還是得到約八百萬選民支持，取得八・四％的選票。

右翼民粹主義者主要的「內部敵人」隨時間演變——比如在一九五〇年代

的敵人是共產主義者、到一九六〇年代轉而敵對民權運動、到一九七〇年代則以「社運法官」為敵。然而在社會經濟上的積怨、更重要是社會文化上的忿恨，卻始終未有改變。論者一直認為「自由派菁英」一直以（聯邦）國家體制的壓迫力量，侵害「我們的生活方式」。同時，他們認為擴張中的福利國家過於昂貴，既侵蝕人民的主動性及價值觀，亦為少數人提供他們不配得到的「特殊優惠」。這種論述，乃北美洲所有主要右翼民粹主義運動的理論基礎：不論是一九六〇年代華萊士那個比較傾向種族主義的美國獨立黨、還是一九九〇年代佩羅和萬寧主張新自由主義的改革黨運動。

雖然在十九世紀比較進步的民粹主義，到二十世紀已變得相對保守，「人民」的自我定義卻變化不大。他們仍然自許為心臟地帶的平凡人，縱然在職業（除了農民，如今也包括中產階級）和宗教（是基督徒就好，不再限定是新教

6〔譯註〕包括阿肯色、路易斯安那、密西西比、阿拉巴馬和喬治亞，後來北卡羅萊納州亦有一位本來支持尼克森的選舉人改投華萊士。

7〔譯註〕United We Stand, America，是「美利堅合眾國」的諧音。

徒）上的定義也許比過往寬鬆。與此相比，對「菁英」的描述卻改變了不少。雖然民粹主義論述仍在針對東北部的大企業和政客，他們對所謂文化菁英的批評卻日益明顯。簡要而言，這群文化上的「自由派菁英」活躍於（高等）教育界，尤其是常春藤盟校[8]。論者認為他們在宣揚「非美國」的價值，藉此「毒害」未來的官僚、法官和政客。

在二十一世紀最初十年，隨著經濟衰退而來的社會怨氣，催生兩場新興民粹主義運動。雖然兩者各占政治光譜的一端，卻依然有不少相似之處。他們都反對替銀行界紓困的政策：這政策由共和黨總統喬治．布希啟動、而民主黨的歐巴馬繼任後則蕭規曹隨。就像美國一直以來的論述潮流那樣，他們聲稱要捍衛純粹的「大街」、反抗腐敗的「華爾街」。然而兩場運動的意識形態卻大相逕庭：占領華爾街運動對人民和菁英的定義比較寬鬆，茶黨運動的區別方式則比較嚴格。

占領華爾街運動宣稱要為受困於經濟危機的「九十九％」發聲，也就是說要為「美國人」代言。這場運動源自左翼對布希和歐巴馬紓困政策的抗議，他們認為華爾街和華盛頓的關係過於密切，兩者已一起淪落為「一％」的腐敗菁英。他們占領了曼哈頓金融區的祖科蒂公園，吸引眾多媒體的目光，同時類似的占領行動亦蔓延到整個北美洲（甚至是更遠的地方）。占領行動將進步的社會公義議題與民粹主義結合，從而以寬鬆的標準界定「人民」，亦未有強調生產者至上論。他們認定經濟和政治菁英同為鐵板一塊，而主流媒體的菁英亦為團體之一員。雖然這種修辭模式能夠延續下去，比如曾有意參選總統的民主黨參議員伯尼．桑德斯[9]曾提出「九十九％」對抗「一％」的民粹主張，占領運動本身卻後勁不繼：他們沒有能幹的核心領導，結果不敵當局的武力驅散、以

8〔譯註〕Ivy League，美國東北部八間著名的私立大學，包括布朗大學、哥倫比亞大學、康乃爾大學、達特茅斯學院、哈佛大學、賓夕法尼亞大學、普林斯頓大學、耶魯大學。其畢業生於美國政界、商界和學術界均甚為活躍。

9 伯尼．桑德斯（Bernie Sanders, 1941-），美國無黨派政治人物，以左派自由主義立場著稱，與民主黨友好，曾擔任佛蒙特州伯靈頓市市長（一九八一—八九年）和美國眾議院議員（一九九一—二〇〇七年），二〇〇六年首次當選佛蒙特州參議員，次年就任。收入不平等一直是他關切的政治問題之一，在二〇一六年和二〇二〇年的美國總統選舉中尋求民主黨提名失敗。

及二〇一一年嚴寒的冬季。

而茶黨運動則主要動員保守派及自由放任主義者反對紓困政策。其論述富有生產者至上論的色彩，亦不時暗示某種種族化的人民想像。雖然茶黨與占領運動同樣討厭華爾街，他們對「菁英」的定義卻比較狹窄。茶黨運動的組織及支持者，大多只在描述銀行家、民主黨和好萊塢時用到這個詞語。然而這場運動，卻受困於所謂人造草皮派[10]與草根派之間的內訌。前者是一群資金豐裕、組織嚴密、又與共和黨建制關係密切的遊說團體，比如是自由工坊[11]。而後者則包括全國上以千計的小型地方組織，有的是愛國組織、有的是茶黨支部，其成員認定共和黨建制內盡是有名無實的共和黨員（RINOs, Republicans In Name Only）。這兩個派系都宣稱要為「吾等人民」發聲，但草根派的民粹情結遠比人造草皮派明顯，而他們亦主要針對歐巴馬總統和民主黨。草根派展現的，主要是關乎社會文化的怨忿（「奪回我們的國家」），人造草皮派卻主要聚焦在對社會經濟的不滿（比如「歐巴馬健保」和增稅）。

拉丁美洲

拉丁美洲是民粹主義傳統最盛行、最持久的地域。當地社會經濟嚴重不平等，民主政治卻也實行了一段時間，這種狀況說明何以民粹主義的意識形態能於拉丁美洲諸國大受歡迎。這些國家的經濟和政治權力長期由少數人把持，使民粹主義論述變得極有說服力：因為這些論述，有助揭發那些既違背民意（el pueblo）、又意圖欺詐的寡頭政客（oligarquía）。與此同時，這些國家也會定期舉辦相對自由公正的選舉，這種機制有助選民宣洩對國政之不滿。拉丁美洲各國公民為了以人民自治取代寡頭政治的承諾，群起支持的民粹主義政黨或領袖，如此並不令人驚訝。

民粹主義在拉丁美洲的選舉成就，乃民主政治與極端不平等並存的結果。

10〔譯註〕人造草皮派（Astroturf），一種人造草皮的品牌，暗喻假扮成草根階層的有錢人。
11〔譯註〕自由工坊 FreedomWorks，一個主張自由放任主義和小政府政策的保守派遊說團體。

不過我們亦不要忘記，這地域曾歷盡各種民粹主義的興衰起跌。若縱觀拉丁美洲的歷史，我們即可察覺此地經歷過三波民粹主義浪潮。每一波浪潮，對何為「純粹民粹」、何為「腐敗菁英」都有其獨特的理解。除此之外，各浪潮都有其意識形態特徵，對其所理解的社會民怨亦因此各有其敍述。

拉丁美洲第一波民粹主義浪潮，始於一九二九年經濟大蕭條爆發之時，到一九六〇年代隨所謂官僚威權主義的政權興起而消退。拉丁美洲國家於這段時期經歷整合上的危機：當時大批農村人口往城市定居，政府又實行以工業化為目標的經濟改革，因而激起對政治和社會權利的訴求。各地各派的領袖和政黨都提倡以政治企畫回應社會問題。社會主義和共產主義開始於大部分拉丁美洲國家植根，但民粹主義卻在其中一些國家取得更大的成就。就如在阿根廷、巴西和厄瓜多，裴隆、瓦爾加斯[12]和伊瓦拉[13]之所以能取得總統之大位，是因為採用以「人民」為中心的政治語言，與關乎「工人階級」的論述無關。同時，他們亦信奉泛美洲主義的意識形態，強調拉丁美洲住民的共同身分，並抗拒帝國主義強權的干預。

第一波民粹主義浪潮在各國的不同演繹，其中有極其重要的共通點，也就是它們對「純粹人民」和「腐敗菁英」的詮釋框架。這些民粹主義的政治實驗都有明顯的社團主義傾向，會把純粹人民定義為由農民和工人組成、又有美德的麥士蒂索社群，無視原住民和非洲裔背景的公民。透過這種純粹人民的形象，民粹領袖能得以動員和凝聚各種效忠領袖的邊緣界別。第一波浪潮中的民粹主義者，把腐敗菁英描述成與帝國主義強權暗通款曲的寡頭政客，指責他們反對入口替代的工業經濟政策。在實務操作上，他們不會將整個建制都定位為

12 熱圖利奧·瓦爾加斯（Getúlio Vargas, 1882-1954），巴西律師、地主、政治家，擔任兩屆總統（一九三〇—四五，一九五一—五四），為巴西帶來社會和經濟變革，有助於國家現代化。提倡民族主義，追求社會改革，支持工人權利，也是堅定的反共主義者，儘管被一些人譴責為沒有原則的獨裁者，但仍因其與大企業和大地主的鬥爭而被追隨者尊為「窮人之父」。

13 貝拉斯科·伊瓦拉（José María Velasco Ibarra, 1893- 1979），律師，一九三〇年代至七〇年代厄瓜多的主要政治人物，一九三四年首度就任總統，先後共五次擔任總統，除了一九五二年完整任期之外，多次遭罷免流亡國外，餘生大部分在阿根廷度過。他寫了幾本治國的書，將自己描述為代表「資本主義和共產主義之間的第三種立場」的新自由主義者。

腐敗精神，而只會針對那些反對民粹領袖管治模式的個別菁英群體。

第二波民粹主義浪潮為期較短，成果亦不及第一波浪潮。這波浪潮於一九九〇年代初湧現，當中最經典的是在阿根廷（卡洛斯・梅內姆）[14]、巴西（費爾南多・德梅洛）[15]和秘魯（藤森謙也）的發展。由於這些國家在一九八〇年代末都面臨重大的經濟危機，民粹領袖只要指責菁英是引致國難的罪魁禍首、並宣告人民被奪去應得的主權，就可以贏得選戰。這些領袖大多未有清晰地提出應付經濟困局的對策，在取得政權後又與國際貨幣基金組織合作推動嚴苛的新自由主義改革。雖然這些措施不受歡迎，卻能穩定經濟、並結束惡性通貨膨脹。如此說明何以梅內姆和藤森這類民粹領袖能成功連任。

由於第二波的民粹主義採用新自由主義的概念，其對何為「純粹人民」、誰是「腐敗菁英」的理解與別的論述不同。有異於第一波浪潮，第二波民粹主義會將其鬥爭定性為「政治階級」與國家的對抗。被描述為腐敗菁英的，則是那些偏好大國家、反對發展自由市場的政治人物。泛美洲主義的意識形態、以及其中的反帝國主義主張，在這套論述中沒有甚麼地位。這套論述亦按新自由主義的進路，把人民描述為一群被動的個體，而其理念則可以民意調查歸納出來。至於在實踐層面，第二波民粹主義多會推動針對地下經濟及赤貧階層的滅貧政策。

現時於拉丁美洲風行的第三波民粹主義浪潮，則於查維茲在一九九八年贏得委內瑞拉總統大選時開展。這股浪潮隨後擴展到玻利維亞（莫拉萊斯）、厄瓜多（拉斐爾·柯利亞）[16]和尼加拉瓜（丹尼爾·奧蒂嘉）[17]等國家。這些領袖多採用泛美洲主義和反帝國主義的修辭，使他們看起來與第一波的民粹主義者有點相似。然而第三波民粹主義更熱中於採用社會主義的理念：莫拉萊斯創立

---

14 卡洛斯·梅內姆（Carlos Menem, 1930-2021），曾任阿根廷總統（1989-99年）的政治家和律師，就任總統時，阿根廷因多年殘酷鎮壓、數千名異議者被謀殺、福克蘭群島戰爭失敗以及原本強勁的經濟遭到徹底破壞而飽受創傷。梅內姆一九五六年加入裴隆的正義黨，最終亦代表正義黨取得政權，下台後面臨貪汙舞弊指控。

15 費爾南多·德梅洛（Fernando Collor de Mello, 1949-），巴西政治家，曾任巴西總統（一九九〇——九二）。一九八九年競選時承諾促進經濟增長，打擊腐敗，而成為巴西近三十年來首任民選總統，後來年被指控貪腐被迫辭職，二〇〇二年復出政壇，兩度當選參議員。

的政黨名為「爭取社會主義運動黨」、而查維茲則創立了「委內瑞拉統一社會主義黨」，其論述顯然有別於意圖超越左右分野的第一波民粹主義。所有第三波的民粹領袖都將自己包裝成激進左翼，聲稱要對抗自由市場，並且矢志創立真正能造福窮人的新發展模式。

這種左翼民粹論述的訴求，源自社會對拉丁美洲在二十世紀最後二十年那些新自由主義改革之不滿。這些改革雖然帶來總體經濟的穩定，卻未有紓緩區內各國在社會經濟上的極端不平等。第三波民粹行動者為突顯自己，會把社會不公的議題政治化，並指斥掌權的菁英。這些領袖亦揉合社會主義和民粹主義的理念，建構一種包容的純粹人民觀：根據這種定義，所有被排斥、被歧視的人，都是純粹人民的一員。玻利維亞的莫拉萊斯乃最顯著的案例：他提倡的「民族民粹主義」論述，既承認國家的多族裔性質，同時亦強調其實行的政策，必須優待那些被歧視的原住民族群。

關於腐敗菁英，第三波的民粹主義者都認為，主導國政的是一個藉制定遊戲規則自肥的欺詐體系。亦因如此，他們主張是時候把主權「歸還給人民」，為此須要先設立「選民議會」起草新憲法，再將之付諸公投。查維茲、柯利亞和莫拉萊斯這三位民粹領袖在得掌政權後，都即時開展修憲程序。近年的發展，顯示這些新憲法不只削弱舊菁英的權力，同時亦嚴重妨礙在野派的制衡，使他們無法以自由和公平的方式反對民粹政府。

16 拉斐爾．柯利亞（Rafael Correa, 1963-），經濟學家、政治家，二〇〇五年曾短暫擔任厄瓜多財政部長，二〇〇七—一七年擔任厄瓜多總統。上任後增加農業補貼與醫療保健、教育等社會支出，並查封與一九九〇年代銀行醜聞牽連的權勢家族成員的公司，受到選民的歡迎，二〇一三年連任。下台後亦面對貪腐賄賂的指控。

17 丹尼爾．奧蒂嘉（Daniel Ortega, 1945-），尼加拉瓜游擊隊領袖，尼加拉瓜民選總統（一九八四—九〇，二〇〇七迄今）。一九六三年成為桑定民族解放陣線（FSLN）成員，一九七九年取得勝利，奧蒂嘉為軍政府成員，一九八三年當選尼加拉瓜總統。在野十六年後，二〇〇六年再次當選總統，之後以修憲解除總統任期限制。

歐洲

雖然俄國在十九世紀末曾是農業民粹主義運動兩大發源地之一，民粹主義在二十世紀的歐洲相對上並不起眼。農民在沙俄封建制度下的艱苦生活，促成俄式民粹主義的誕生。這種民粹主義提倡民主化改革，從而保護農民免受地主經濟及商營農業的侵害。有異於能演變成群眾政治運動的美國民粹主義，俄式民粹主義的發展始終有限，只能算是一場小規模的文化運動，參與者主要是來自城市的知識階層。在一八七四至一八七七年間，曾有「走向人民」的社會運動擴散到鄉郊，想要動員「人民」對抗「菁英」，但農民大多不為所動。民意黨和黑土分田運動[18]這兩大組織，在前者的成員於一八八一年刺殺沙皇亞歷山大二世後就無以為繼。

縱使俄式民粹主義以失敗收場，卻啟發了二十世紀初東歐的農業主義運動。這些運動與北美洲那些結合農業主義的民粹主義者頗為相似，同樣把農民視為道德倫理和農業生活的根基，也就是支撐社會的重要基礎。他們狂熱地反對城市菁英，也抗拒資本主義中央集權與物質至上的傾向，因而主張保存家族式小農莊、也提倡實行地方自治。農業民粹主義在東歐鄉郊甚為流行，但是當地由地主和軍人主導的威權國家卻大多不願與其分享政權。

共產主義和法西斯主義都曾經對民粹主義有過興趣，尤其在意欲營造群眾支持的運動創始階段，興趣格外濃厚。可是這兩種意識形態、以及其塑造的政權，在本質上都是菁英主義而非民粹主義的。這種傾向在法西斯主義特別明顯，林林總總的法西斯主義或是歌頌領袖（元首）、或是強調種族（國家社會主義，簡稱納粹主義）、或是高舉國家（法西斯主義），就是不會頌讚人民。縱使馬列主義比較看重群眾，其獨特的核心思想卻是強烈的菁英主義：他們宣稱共產黨為民前鋒（即勞動階級的先鋒），是黨帶領人民、不是黨跟隨人民。而且「階級鬥爭」以及「虛假意識」[19]這類基本概念，都剛好與民粹主義的理念

18〔譯註〕黑土分田運動（Chornyi Peredel），直譯為「黑色再分配」，「黑色」指涉的是鄉郊土地。

19〔譯註〕馬列主義認為，勞動群眾受資本主義的意識形態操控蒙蔽，無法意識自身的階級利益。他們必須依靠共產黨的唯物辯證法，方能意識到自身的真正權益，從而投身階級鬥爭。在此之前，

相反。

學界普遍認為在第二次大戰後頭十年，民粹主義幾乎在歐洲政治舞台上絕跡。這段時期東歐各國由共產政權統治，在強人（史達林）逝去後，建立了強力卻缺乏效率的官僚體系；而西歐各國則出於對法西斯主義和共產主義的恐懼，而以中庸的意識形態重建民主。這時候只有一些零星的民粹主義運動，大都是農村保守派對中央政治體制介入農業界的反彈。在法國由皮埃爾·布熱德[20]領導的工商捍衛聯盟是當時少數成功的民粹主義政黨之一。雖然僅在一九五六年的大選有所斬獲，所謂的布熱德派的政治路線仍然對法國政治有長遠的影響。事實上，**布熱德主義**在法國以至其他國家，都已成為民粹主義的代名詞。

此後要到一九九〇年代末，民粹主義才能夠成為左右歐洲政治的力量。此時歐洲政治社會前前後後的各種轉變，比如歐洲一體化或移民問題，都激起怨懟之情。極右民粹主義政黨在這種形勢下，橫掃歐洲各層級的選戰，取得一定的政治成就。這些政黨將其民粹主義，與權威主義和排外主義結合在一起。他們的權威主義，乃對嚴謹社會秩序的信仰，而且經常表達對「法律與秩序」的重視。其排外主義，則主張每一個國家皆只應由原生族群（「國族」）獨占，而外來（「異族」）元素亦必然會對單一民族的國族國家造成危害。近年歐洲民粹主義的排外性格，源自對國族一詞奇特的定義：他們只以沙文主義族裔的定義界定何為人民。也就是說，民粹主義、權威主義和排外主義在當代歐洲的結合，某程度上是方便行事的結果。

法國的國民陣線乃典型的右翼民粹政黨，其領袖讓—馬里・勒朋[21]於一九

勞動階級的一切訴求，特別是對自由主義式「資產階級」民主的渴求，都只能視為被誤導的虛假意識。

20 皮埃爾・布熱德（Pierre Poujade, 1920-2003）法國書商、出版商和政治家。曾在法國領導了一場廣為人知的右翼抗議運動，一九五三年，布熱德與大約二十人開始組織抗議稅收運動，同年十一月創立了工商捍衛聯盟，代表了面臨經濟和社會變革的小企業主對經濟的不滿，帶有普通人對抗菁英的色彩。此運動也開啟了讓—馬里・勒朋的政治生涯。

21 讓—馬里・勒朋（Jean-Marie Le Pen, 1928- ），法國民族主義者，創立並擔任國民陣線政黨領導人，代表從一九七〇年代到二十一世紀初的法國主要的右翼反對派。作為一個經常成為總統候選人的爭議人物，勒朋的仇外心理、反猶太主義、反歐盟經常引發爭議，二〇一一年他的女兒瑪琳・勒朋繼任國民陣線領導人。關於勒朋父女，後續章節亦有進一步的討論。

七二年創黨前，曾經擔任工商捍衛聯盟的國會議員。法國的極右派，起初既菁英主義、又缺乏組織，在勒朋的努力下，他們整合成組織嚴密的極右民粹政黨，並成為歐洲各地不少政黨政客的榜樣。勒朋鼓吹「知無不言」，並帶領國民陣線追擊「四人幫」——也就是當時四大主流政黨。極右民粹政黨亦揉合排外主義和民粹主義，在經濟上提倡福利沙文主義、在外交上則質疑歐洲一體化。他們指責菁英們包容被其斥為新選民的移民，從而破壞福利國家制度，並主張福利國家必須優先服務「自家人」。關於外交政策，極右民粹政黨斥責國家菁英把國家和人民「出賣」予歐洲聯盟，而這個「官僚、社會主義、不民主的邪神」卻只會為周遊列國的菁英們服務。

那些極右排外的民粹主義者，多是從某種國族主義次文化的圈子中冒出，不過在主流政治圈子，亦浮現過一些新自由主義民粹政黨，比如義大利力量黨和英國獨立黨。他們對福利國家膨脹的開支、以及高昂的稅項深感不滿，亦認為主流右翼政黨早已與對手同流合汙。他們既主張減低稅率並鼓勵自由貿易的新自由主義政策，亦以民粹主義批判政治上的建制和菁英。就像在北美洲的弟兄一樣，他們主張某種較溫和的生產者至上論，指責菁英（即主流政黨和工會）以繁文縟節和重稅打擾勤勞的平凡人，卻去獎勵那些既無生產力、又不夠格的公營機構員工和移民。

共產主義體制之終結，使民粹情感倏地橫掃中歐和東歐。在其中一些國家，比如東德和波蘭，公民社會乃推翻共產政權的主要角色之一，「吾等人民」這類民粹主義口號，在這些國家的「革命」極為常見。民粹情結在後共產主義東歐的關鍵大選——也就是第一場自由公正的選舉——尤其強烈。當時湧現一批大聯盟式的傘型政黨，要代表「人民」對抗共產黨的「菁英」，比如捷克斯洛伐克[22]的傘型政黨公民論壇，就以「黨是黨員的黨，公民論壇屬於大家」為競選口號。大部分傘型政黨於首場大選後即土崩瓦解，讓出發展空間予左中右三翼的小型民粹政黨。那些朝生暮死的所謂快閃政黨，大多從屬於特定的政治人物。由擁有加拿大和波蘭雙重國籍的神祕商人蒂明斯基創立的X黨，乃後共

22〔譯註〕捷克與斯洛伐克於一九九三年和平分家，是為「天鵝絨離異」。

產時代初期典型的快閃黨。在一九九〇年總統大選的第一輪投票，蒂明斯基令人意外地取得第二名，要到第二輪投票才被反共團結工聯的領袖華勒沙[23]擊敗。

後共產社會都面臨經濟和政治上的雙重轉型——那些新形成的國家，甚至還要面對第三重的國族轉型，隨之而來的掙扎使人對政治日益不滿，新興的民粹行動者則以「革命被盜」的論述乘勢而起。他們指責新興民主體系內的菁英，若非原先共產黨內的菁英、就是勾結合謀的親共派。亦因如此，他們主張發動「真實」的二次革命，驅逐腐敗的後共產菁英，繼而還政於民。毫無意外，這種論述在那些通過協商展開後共產轉型的國家特別流行：這些國家的民主化，是共產政權代表與在野民主派協商後的成果，比如匈牙利公民聯盟以及波蘭的法律和公正，兩黨都宣稱真正的革命尚未完結。匈牙利公民聯盟在二〇一〇年贏得絕大多數的國會議席後，即修改憲法，聲言那是「在一九八九年就想做，卻一直無法落實」的事。

雖然歐洲的民粹主義以右翼為主，全球金融危機卻為左翼民粹主義帶來動力。這場經濟災難把希臘的激進左翼團體凝聚成名為「激進左翼聯盟」的政黨，而西班牙的反緊縮憤怒者運動亦催生了「我們能夠黨」。這類左翼民粹主義與北美洲的占領運動有點相似，卻有其獨特的詞彙和假想敵：對激進左翼聯盟而言，歐洲聯盟就是最重要的菁英之一，我們能夠黨則主要針對被貶稱為「賤種（la casta）」的國家政治菁英。歐洲左翼民粹主義亦傾向懷疑歐盟，但卻多是為了社會（主義）而非國族（主義）的緣故。舉例而言，他們大多強烈反對由所謂的三巨頭——即歐盟執行委員會、歐洲中央銀行和國際貨幣基金組織——主導的強力緊縮政策。

23 華勒沙（Lech Wałęsa, 1943-），波蘭前團結工聯領導人、人權運動家、總統。一九六七年進入造船廠工作，七〇年參與罷工入獄，七八年加入非法的地下工會。八〇年造船廠再度發生罷工，華勒沙成為運動領袖。之後又入獄，促成團結工聯的誕生。八一年與波蘭總理展開祕密和平會談，八三年獲得諾貝爾和平獎。一九八九年，以團結工聯為首的聯合政府上台，九〇年當選首任民選總統，其後聲望下滑，九五年競逐連任落敗。第五章將再論及。

三大區域以外

民粹主義在世界其他區域亦日趨普遍，尤其是在東南亞[24]、中東和撒哈拉以南的非洲。在這些實行民主選舉的國家，不論是掌權者還是在野力量，都能見到民粹主義的影子。這些區域內的國家，有著各種不同經濟、社會和政治體制，當地民粹主義的發展大勢亦難以辨明，不過我們仍然能確定當地的民粹行動者，都有某種共同特徵。

民粹主義的傳統，在包括澳洲和紐西蘭在內的大洋洲地區至為明顯。一九九〇年代，澳紐兩國都出現了類似西歐民粹政黨那樣的右翼政黨。紐西蘭優先黨和單一民族黨的竄起，都是源自對移民湧入及新自由主義福利改革日積月累的不滿。這兩個右翼民粹政黨同樣宣稱要為「土生土長」的群眾發聲：但單一民族黨關懷白人拓荒者後代的權益、並對原住民持批判態度，紐西蘭優先黨卻自我定位為土生毛利人的代言人。

一九九七年的亞洲金融風暴，結束了所謂亞洲經濟龍頭的急速起飛，亦為東南亞帶來民粹主義。特別是在區內的新興民主國家，社會對聲名狼藉的舊領袖、舊政策日益不滿，而民粹行動者則相應地提供宣洩的渠道。民粹主義者揉合了國族主義和民粹主義，一方面攻擊新自由主義的「全球化」、一方面批判那些落實全球化政策的國家菁英。有些擺著「局外人」姿態的民粹主義者甚至成功當選總統，比如是菲律賓的艾斯特拉達[25]和韓國的盧武鉉[26]：只是他們任期較短、政治成就亦不太亮眼。臺灣的陳水扁則是「快閃民粹主義者」的極端例子，這位「全民總統」的「全民內閣」（譯按：即唐飛內閣）只能僅僅捱到五

24〔譯註〕作者似乎將東亞和東南亞合稱為東南亞。

25 艾斯特拉達（Joseph Ejercito Estrada, 1937-），菲律賓著名電影明星，後從政，歷任市長、參議員、副總統，一九九八年當選菲律賓第十三任總統，任內被控貪汙，二〇〇一年下台並遭判刑，後被總統特赦。二〇一〇年再度參選總統失敗，二〇一三—一九年任首都馬尼拉市市長。

26 盧武鉉（Roh Moo-hyun，1946-2009），韓國第十六任總統，曾任法官、律師，全斗煥軍政府時期，盧武鉉偶然成為「釜林事件」的辯護律師，從此走上人權律師的生涯。一九八八年，加入統一民主黨並當選韓國第十三屆國會議員，二〇〇二年當選總統。標舉國民參政、清廉政治的盧武鉉，上任後面對黨政危機、甚至國會彈劾，二〇〇八年卸任後遭離職審查，二〇〇九年五月二十三日在調查收受賄賂期間跳崖自殺。

個月[27]。而東南亞最成功的民粹主義者則非塔克辛[28]莫屬：雖然這位泰國總理最終因伴隨著大規模抗爭的軍事政變而下台，其妹盈拉仍然能夠延續其政治遺產[29]。

民粹主義在非洲相對罕見：這裡有不少國家仍然實行威權統治，另一些則充其量算是有選舉卻極度失敗的民主國家。與其他區域相比，這裡的民粹主義多與威權強人關係密切，比如烏干達總統約韋里・穆塞維尼[30]和尚比亞總統米高・薩塔[31]：他們的民粹主義乃菁英內部權力鬥爭的一部分。穆塞維尼透過公投這類公決體制推行「無政黨制度」，亦與獨立法院這類自由民主制度激烈抗衡。在最高法院宣判某次公投違法且無效後，他即以完美的民粹口吻宣示：「政府不會容許包括法院在內的任何體系剝奪人民的權力」。即使在南非這個非洲大陸罕見的自由民主國家，其民粹主義亦是源自政治體制之內。朱利葉斯・馬萊馬[32]曾是非洲人國民大會內的民粹勢力，他與黨內主流派對抗，並於二〇〇八至二〇一二年擔任組織內青年聯盟的主席。只是他煽動意味濃厚的言辭、備受爭議的行為、以及其好辯的政策倡議，最終促使非洲人國民大會於二〇一二

27〔譯註〕雖然陳水扁此後只能組織少數政府，他仍能於二〇〇四年成功連任，做滿兩屆共八年的任期。

28 塔克辛（Thaksin Shinawatra, 1949-），出身警察系統，退職後於九〇年代開始從政，歷任泰國外交部長、內閣副總理、正義力量黨主席等職。一九九八年創建泰愛泰黨任黨主席，二〇〇一年大選，塔克辛以壓倒性優勢當選總理，泰愛泰黨亦成為單一大黨，二〇〇五年塔克辛成為泰國歷史上第一位任滿四年，並成功連任的民選總理。二〇〇六年爆發軍事政變被迫下台，旅居海外時對泰國政局仍有影響力，涉多起貪汙案件。

29〔譯註〕盈拉任期只到二〇一四年，她的總理任期被憲法法院終結，其繼承者的政權亦於同年被軍事政變推翻。

30 約韋里・穆塞維尼（Yoweri Museveni, 1944-），烏干達總統。大學期間成為非洲解放運動聯盟的左翼學生團體主席，一九七一年阿敏掌權時，穆塞韋尼流亡到坦尚尼亞並成立了救國陣線，該陣線於一九七九年幫助推翻了阿敏。長達數年內亂後，穆塞維尼於一九八六年宣誓就任總統，一九九六年首次普選當選總統，二〇〇一年連任，後取消總統任期持續掌權，二〇二一年大選前取消總統候選人年齡上限為七十五歲的限制並再次連任。

31 米高・薩塔（Michael Sata, 1937-2014），原為多黨民主運動成員，二〇〇一年創建愛國陣線並擔任領導人，多次選舉失敗後終於二〇一一年起任尚比亞第五任總統，任內病逝於倫敦。

32 朱利葉斯・馬萊馬（Julius Malema, 1981-），南非政治家，以其熱情直言和鼓舞人心／煽動仇恨的演說聞名。他於二〇〇八年以非洲人國民大會青年聯盟主席的身分登上政治舞台，二〇一〇年因仇恨言論被定罪，之後爭議性言論不斷。

年開除其黨籍。此後馬萊馬成立名為經濟自由鬥士的新政黨。

最後，雖然民粹主義曾與埃及的納瑟[33]（於一九五六—一九七〇年執政）或利比亞的格達費（一九六九—二〇一一年執政）[34]這類人物的舊政權扯上關係，民粹主義成為中東政治的日常，卻是二十一世紀的事情。像以色列和土耳其這類比較穩固的民主國家，朝野政黨和政客都有民粹主義的特質，比如在以色列長期執政的納坦雅胡[35]和土耳其的艾爾段[36]。雖然那些被概稱為阿拉伯之春[37]的「革命」本身並非民粹主義運動，民粹修辭卻是動員大批參與者的關鍵。從突尼西亞、埃及到葉門，在阿拉伯之春各場抗爭中最常聽到的口號，就是「人民要推翻政權」。

33 納瑟（Gamal Abdel Nasser, 1918-1970），埃及軍官、總理（一九五四—五六年），埃及總統，是阿拉伯世界重要而具爭議的領導人，創建了短暫的阿拉伯聯合共和國（敘利亞與埃及合併，一九五八—六一年），兩次與以色列交戰（一九五六年，一九六七年），並參與調解約旦內戰（一九七〇年）等阿拉伯國家間的政策。

34 格達費（Muammar al-Gaddafi, 1942-2011），年少時即崇拜埃及總統納瑟，軍校畢業後積極謀求革命，一九六九年推翻利比亞王國，格達費以革命委員會主席兼武裝部總司令身分上台，統治四十餘年。

35 納坦雅胡（Benjamin Netanyahu, 1949-），以色列外交官、兩度擔任總理（一九九六—九九，二〇〇九—二一）。一九八四年擔任駐紐約聯合國代表，八八年開始參與國內政治，之後成為統一黨主席，於一九九六年成為第一位直選的總理。其對巴勒斯坦的強硬立場、保護國家免受中東敵對勢力侵害的形象，使他成為以色列獨立以來任職時間最長的總理。

36 艾爾段（Recep Tayyip Erdoğan, 1954-），土耳其政治家，曾任伊斯坦堡市長、總理和總統（二〇一四—）。二〇〇一年創建正義與發展黨並出任領袖，二〇〇二年，該黨壓倒性贏得大選，因艾爾段一九九九年被判決「發表煽動宗教仇恨言論」有罪，剝奪從政資格（五年內禁止參政）而由副主席出任總理。恢復從政資格後組閣，執政初期的特點是穩步增長和發展繁榮，其後三度擔任總理，並於二〇一四年土耳其首次總統直選中勝出，二〇一八年成功連任。

37 阿拉伯之春：二〇一〇年十二月，突尼西亞小販因抗議警察暴力而當街自焚，此行動引發大規模街頭示威及爭取民主運動，導致掌權二十三年的獨裁總統班阿里（Zine El Abidine Ben Ali）於隔年一月垮台；外界以突尼西亞國花稱這場人民起義為「茉莉花革命」。以此起點形成席捲阿拉伯世界的反政府運動，即為阿拉伯之春，埃及、利比亞、葉門、敘利亞等國都受到不同程度的影響，數個政權被推翻，軍事強權垮台之後的脆弱民主，極端宗教主義趁機而起，多國也陷入內戰動亂，影響迄今仍未結束。

跨越時空的民粹主義

經過大約一百五十年的時間，起源自沙俄的少數菁英團體、以及美國廣泛鬆散的群體的民粹主義，如今已是遍及全球的政治現象。民粹主義的興起，與民主政治在世界的發展息息相關。在十九世紀末，民粹主義與民主政治同樣是相對罕見的現象，如今兩者都已變得普及。這並不表示兩者有必然的連繫：民粹主義可與威權政體並存，不少民主國家亦未有顯赫的民粹行動者。但民粹主義乃高舉公共意志的意識形態，當民主價值席捲全球、民主選舉帶來政治機會、而社會又不滿足於自由民主制，民粹主義自然能乘勢而起。

任何的政治現象，或多或少都是文化、政治和社會處境的產物。民粹主義當然亦不例外。正是如此，民粹主義才會有著變化多端的形態。究竟哪種類型的民粹主義會被採納，乃取決於其處境中對社會最主要的不滿。民粹行動者都是偵察民怨並將其政治化的專家；這些民怨，都有意無意地被主流政治力量所忽視。然而民粹主義亦是一組簡略的理念，它必須與某種宿主意識形態結合，方能就政治處境提供一套包羅萬有的詮釋，藉此吸引各大群體的興趣。正正就是民粹主義與宿主意識形態的結合，產生出各種對「人民」和「菁英」的獨特詮釋。這些詮釋大多針對各國獨有的處境，但某些區域的民粹行動者還是可能採取類近的風格，造成遍及整個區域的民粹浪潮：比如當代歐洲的極右民粹政黨，或是當代拉丁美洲各種激進左翼的民粹主義者。

第三章 民粹主義的動員模式

本書對民粹主義的定義，尚未就政治行動者如何以民粹主義動員群眾多加著墨。在本章我們會展示各種模式的民粹動員，從而更好地理解何以有些民粹主義者的選舉表現會更亮麗、其運動亦能更加持久。在繼續討論之前，我們得留意有一種常見的講法，把民粹主義與充滿個人魅力的（男性）強人一併討論，認為這種魅力就是個別領袖獲得支持的基礎：換句話說，就是與民粹主義者的意識形態無關。然而，縱使民粹主義看重（男性）魅力型領袖，民粹動員卻不一定與魅力型領袖有關。我們對古今世界各地民粹勢力的簡單分析，將會顯明民粹主義可以有各式各樣的動員模式。

所謂的動員，就是與林林總總的個體互動，使他們意識到某種問題的存在，從而使他們以集體行動爭取訴求。總括而言，我們可分辨出三種不同類型的民粹動員方式：個人風格領導、社會運動、和政黨政治。有些民粹行動者可簡單歸類為單一方式的應用者，有些則同時採用兩至三種動員方式、或是隨時間改變。而這三種方式，則反映民粹動員可以由上而下（個人風格領導）、可以由下而上（社會運動）、也可以兩者兼具（政黨政治）。民粹行動者如何動員，部分是取決於其身處的政治制度，其動員方式亦對其成就能否延續影響深遠。

個人風格領導

典型的民粹動員多半會有一位大體上獨立於既有政黨組織的個人，只憑藉他的個人特質作政治宣傳而獲得支持。試想像厄瓜多的柯利亞、荷蘭的皮姆·佛杜恩、秘魯的藤森謙也、義大利的畢普·葛里洛[1]、美國的佩羅、或泰國的塔克辛。在這些案例中，支持者多覺得自己與由上而下動員的領袖有個人（化）連繫。這些領袖通常會繞過堅實的政治或社會組織，直接與支持者接觸。雖然由上而下的動員並非民粹領袖的專利，他們顯然比較喜歡這種動員風格。

何以民粹主義和個人風格的領導，在經驗上時常並存？部分是因為民粹主義理念把「純粹人民」和「腐敗菁英」都視為同質群體。亦因如此，民粹領袖就能（像「人民」當中的任何人那樣）宣稱自己就是人民的人格展現。在某些案例中，民粹領袖不只擔當運動的核心，還在塑造政治身分的認同：試想像委內瑞拉的查維茲主義、荷蘭的佛杜恩主義、以及阿根廷的裴隆主義。

不過在大多數情況，民粹領袖還是會在身邊建立某種政治組織，視之為應付選舉競爭的必要之惡。這些組織在技術上可算是一種政黨，也就是會推舉一位或多個候選人競選公職的政治團體。可是這些組織多徒具形式，只有為數不

1 畢普・葛里洛（Beppe Grillo, 1948-），義大利喜劇演員和社會評論家，一九七〇年代末和八〇年代初活躍於電視節目，對政治人物多所批評，並結合喜劇和政治評論。其會計背景使他更能評斷政治人物的不當行為，二〇〇五年他推出部落格，譴責各種腐敗行為，並發起抗議行動，二〇〇九年五星運動於是產生，隨著政府的醜聞與義大利經濟的衝擊，葛里洛成為最受歡迎的政治人物之一，五星運動亦在二〇一三年國會選舉取得勝利，並於二〇一八年組織聯合政府。但葛里洛本人則於二〇一八年後與運動保持距離。本書第六章亦再提及。

多的成員，亦缺乏委員會或其他內部組織結構。亦因如此，我們傾向將這些假組織稱為個人風格的選舉機器。這種政治建構是即興的產物、也沒有真正的權力，純粹是由強人全盤操控的選戰工具。

民粹領袖通過建立具有個人風格的選舉機器，即可避免與有力的政治組織扯上關係。這樣他就能宣稱自己毫無負擔、也與「人民」毫無隔閡，能夠成為「街里街坊」的聲音。比如柯利亞之所以能在二〇〇六年的厄瓜多總統大選勝出，是因為他排斥建制，建立一個未派員參與國會選舉的新政黨。他宣稱所有政黨都是詐騙組織，承諾會召開選民大會以制訂新憲法，從而建立一套據說會尊重人民主權的制度架構。希爾德．懷爾德斯[2]在荷蘭也採取近似的個人風格動員，建立了一個實際上只是個人選舉工具的政黨。作為荷蘭自由黨唯一的黨員，懷爾德斯獨自決定哪些人能代表自由黨參與各層級的立法機關選舉，並規限這些代表的言行舉止及表決立場。

雖然我們在世界各地都能見到個人風格的領導方式，這種模式在包括拉丁美洲在內的某幾個區域特別風行。在拉丁美洲經歷過的三波民粹主義浪潮，個人風格的領導都是最典型的動員模式，不論是第一波的裴隆、第二波的藤森、還是第三波的柯利亞都是這樣。在西方以外大部分成功的民粹動員亦是如此，例如在韓國和台灣。這些國家都是新興民主國，同樣都實行總統制，其政黨建制則相對薄弱[3]。

---

2 希爾德．懷爾德斯（Geert Wilders, 1963-），荷蘭政治家，透過宣傳反伊斯蘭和反移民觀點成為具影響力的政治力量。一九九八年代表自由民主人民黨當選眾議院議員，二〇〇二年擔任黨發言人，二〇〇四年退黨，部分原因是該黨支持土耳其加入歐盟，他在二〇〇六年創自由黨。儘管反移民立場面臨仇恨言論的審判，但自由黨仍有相當高民調與席次。

3〔譯註〕台灣的情況則比較複雜。中國國民黨自一九四五年接管台灣，即建立一套嚴密的黨國體制，並執掌國家政權逾半世紀。因此台灣的政黨建制稱不上是薄弱，有別於一眾拉丁美洲國家和韓國。不過在步向民主化的一九九〇及二〇〇〇年代，國民黨的內部鬥爭白熱化，部分黨員甚至出走另立新黨和親民黨。而其主要對手民主進步黨，則是由各種派系的異見人士於一九八六年創立。也就是說，民主化初期那二十年，剛好是台灣政黨建制的轉型時代。

案例：秘魯的藤森謙也

一九八〇年代末，秘魯不單要面對嚴重的經濟危機，亦要面臨毛派游擊隊光明之路的挑戰。危機當前，藤森謙也這位政治素人忽然冒起。他展開一場民粹主義的運動，把當時動搖國本的危機歸咎於建制，並將自己包裝成意欲清除腐敗菁英的「清純」人物。藤森強調他的日本淵源，藉此顯露自己是與白人菁英毫無瓜葛的局外人，像大部分「人民」那樣遭受白人菁英的種族歧視。與此相關，他其中一句競選口號正好是「和你一樣的總統」。這句口號含蓄地批評藤森的主要對手巴爾加斯．尤薩[4]：他是秘魯文化與政治建制中的知名人士，後來於二〇一〇年獲得諾貝爾文學獎。

藤森在一九九〇年當選總統，但因為背後沒有政黨支持而無法控制國會。他建立名為「改革九〇」的個人選舉機器時，得到兩個毫不相干的小群體襄助：分別是小企業團體和福音派新教徒的網絡。在改革九〇工作的人員既無名氣、亦欠經驗，是以藤森的第一個內閣連一位黨員也沒有。他反倒傾向和獨立政客、在職或退伍軍官、以及部分來自其他政黨的人士共同執政。

為準備一九九五年的大選，藤森創辦了名為「新多數黨」的新政黨。這個政黨贏得國會多數議席，但其議員幾乎都是由藤森及其親信揀選的政治新秀。而一九九八年的地方選舉慘敗後，他為預備二〇〇〇年大選再次成立新政黨，名為「秘魯獨立陣線二〇〇〇」。在這場烏煙瘴氣的選戰，藤森贏得總統選舉，卻無法確保能得到國會多數議席。他開始有系統地賄賂反對黨議員，希望這些議員能支持其政府，最終導致他的倒台。在其舞弊案偵查期間，藤森趁出訪日本的機會，用傳真機呈上辭任總統的書信。他在日本逗留了好幾年，藉此逃避秘魯當局判處的刑期。

藤森歷年來競選，運用的都是由個人全盤掌控的脆弱政治組織。亦因如此，幾年後她的女兒惠子決定從政後，就必須從頭建立她自己的新政黨：縱使黨內已有一些支持或參與藤森政府的老臣。透過名為「人民力量」的新政黨，

4 巴爾加斯．尤薩（Mario Vargas Llosa, 1936-），秘魯作家，青年時期曾旅居巴黎多年，對社會變革的承諾在他的小說、戲劇和散文中顯而易見。一九九〇年投入秘魯總統選舉，失敗後出走歐洲，一九九三年歸化為西班牙公民，寫作不輟。

藤森惠子得以在同情其父政權的地方菁英和草根團體之間，建立起共同的身分認同。

社會運動

示威、遊行和集會，都是當代社會常見的政治現象。這些都是個人團結起來，藉此向有力人士施壓的政治動員。當那些抗爭並非偶發，而是能夠持之以恆，我們面對的就是一場社會運動。社會運動通常被描述為非正式的網絡（或「諸網絡的網絡」），當中的個人及政治群體都持續互動，一方面與清楚的對手抗衡、另一方面又透過集體行動爭取公益。（新）社會運動的經典案例，包括一九六〇年代美國的民權運動、以及一九七〇年代西歐的環境運動。

社會運動，就是一個把擁有共同身分、抵抗共同敵人的人群聚集起來，促使他們以非建制的集體行動達成目標的非正式網絡。他們之所以偏好採取非建制集體行動，而不是較尋常的選舉參與，主要是缺乏機會參與決策過程的緣故。亦因如此，社會運動有異於政黨和利益團體：後者通常都有正式的組織，亦會定期參與決策過程。

為求界定共同的身分和敵人，社會運動須建構詮釋框架，藉此辨明對社會影響至為深遠的民怨。在建立框架的過程，社會運動往往會向各種意識形態的理論框架借鏡。比如勞工運動多借用馬克思主義的理論建構詮譯框架，將商界描述為公敵、並視工人為受屈的群眾。社會運動亦能以民粹主義建構詮釋框架，只是這做法並不太常見。大多數社會運動只想建立特殊群體的共同身分，比如說是學生、女性、工人等等。然而民粹主義卻把「人民」描述為同質的類別，其理念假設一大群個體——縱然那不是整個社會——理應從「腐敗菁英」那邊奪回被竊據的主權。亦因如此，民粹主義對建構針對特殊群體（也就是「人民」內的小分類）的詮釋框架幫助不大。

民粹社會運動獨特之處，在於其由下而上的動員方式。事實上民粹社會運動大多缺乏中央集權的領導、也沒有乾坤獨斷的領袖——那不必然代表他們完全沒有領袖。雖然其中部分人物可以在某些時間擔演關鍵角色，但民粹社會運動的力量泉源，在於能夠把民憤詮釋為對建制之不滿，以及有效說明能解決問題的正正就是擁有主權的人民。亦因如此，那些涉及各行各界建制高層的腐敗醜聞、或是嚴重侵害人民主權原則的事件，都有利於民粹社會運動的開展。相對而言，那些關乎被歧視的特殊群體（例如青年）、或是特定領域政策的改革（例如生態政策）的政治處境，對民粹社會運動的興起則不會帶來太大的助力。

觀乎當代世界，全球金融危機造就全球各種各類民粹社會運動的崛起。美國的占領華爾街運動，以及西班牙所謂的憤怒者運動[5]都是典型的例子。前者提出「吾等九十九％」的口號，而後者則以「立即實行真民主——我們不是政客和銀行家的商品」為綱領。兩場社會運動顯然都採取民粹主義的論調，既把「政治種姓」與商界描繪成「腐敗菁英」、又把同質的人民（「九十九％」）定義為政治合法性的獨一來源。雖然兩場運動都嘗試從包容的定義，把最邊緣的少數都接納為「人民」之一員——當中包括族裔、宗教、性別和性傾向的少數，但他們在道德倫理上對「菁英」利益及價值之排斥，本質上與右翼那些較為狹隘的民粹主義一模一樣。

案例：美國的茶黨運動

雖然茶黨運動其實有更悠久的淵源，一眾比較流行的講法卻認為，這場運動源於一場直播節目上的嚷嚷：二〇〇九年二月，全國廣播公司商業頻道的主播里克．桑德利正在芝加哥商品交易所的大堂主持節目。他想要抗議民主黨總統歐巴馬的紓困政策——縱然始作俑者其實是共和黨的前任總統喬治布希——就轉身向大堂內的交易員大喊：「是時候再搞一次茶黨了！」桑德利所指的，乃一七七三年的波士頓茶黨事件：這場針對英國政府的抗稅運動，掀起美國獨立革命的序幕。這件在媒體上的突發事件無疑推動茶黨運動，可是這場新興運動，不過是美國固有保守民粹主義爆發的最新形式。

茶黨運動的基礎，乃一群組織鬆散的右翼民粹主義者，他們有的是像部落客基莉．嘉倫達（網名為「自由鐘」）這樣的草根行動者，有的是像茶黨愛國

5 憤怒者運動（Indignados），二〇一一年五月十五日，西班牙馬德里人民自發占領市中心的廣場，以抗議失業、政客貪汙、削減社會保障及歐盟的緊縮政策等問題，其後抗爭活動蔓延全國，亦稱M15運動。

者那樣的團體，此外也有像繁榮美國和自由工坊那樣的活躍於全國的專業保守派組織。所謂的草根派與人造草皮派之間的聯盟，從一開始就問題重重：不少茶黨運動的草根支持者認為，人造草皮派中的專業人士也是腐敗菁英之一員。後來茶黨運動與共和黨愈走愈近，當中或多或少是因為人造草皮派的緣故。亦因如此，運動中較傾向民粹主義的成員，其關注焦點逐漸從全國性的選舉轉移到各地方及地區的大小選戰，特別是美國中西部和南部。

然而，即使在茶黨運動的草根派內部亦有林林總總的訴求，也是由各種各樣的團體組成。當中有些比較傾向自由放任主義、有的是社會保守派、有的是敬虔的基本教義派、甚至也有白人至上論者。從右翼電視主播格林．貝克、到眾議員米歇爾．巴赫曼，眾多力爭上游的領袖乘勢而起，但他們都與特定的內部派系有所關連。亦因如此，他們在這個百變無定的茶黨運動中，既可獲得尊敬，也遇到至少同等程度的反對。雖然前阿拉斯加州州長莎拉．裴琳自二〇〇八年獲約翰．馬侃揀選為副總統候選人後，成為全國乃至國際名人，卻也激起個別茶黨成員的內部鬥爭，而裴琳本人亦遭指控於茶黨團隊的集會收取大額演講費（以謀取利益）。

就像以前的草根民粹運動那樣，茶黨運動很快就失去在全國層面的動力，部分原因是因為這場運動缺乏全國層面的領導和組織，雖然部分組織在地方層面仍具有影響力。不論如何，部分與茶黨運動關係密切的共和黨黨員（比如是泰德・克魯茲、蘭德・保羅和馬克羅・魯比奧），仍有足夠實力參與二〇一六年的黨內總統初選：雖然茶黨運動基層多偏好共和黨內的局外人唐納・川普。至於茶黨運動對共和黨的領導和基層會帶來甚麼衝擊，則尚待觀察[6]。

政黨政治

美國政治學家舒特內德曾有過一句名言，宣稱無政黨就不可能有民主。這種說法雖略為誇張，當代民主政治卻毫無疑問是建基於政黨的政治制度。政黨

6〔譯註〕本書英文版於二〇一七年出版時，川普的總統任期才剛剛開始。

在民主制度中至少擔當了三種重要功能。首先，政黨可以把社會各界的利益組織在一起。其次政黨在對選民作出承諾時，會解釋它們的政策綱領，好讓選民能權衡該如何投票。第三個功能，則是投入人力物力培訓人才，好使他們有能力投身選戰、並在公職上實行擬定的改革。

政黨這三大功能與代議政治之運作息息相關。當代民主政治的制度，先讓選民自由選擇公職人員，之後再讓當選人代表選民進行決策。這些代議士通常都會替政黨工作：這裡的政黨所指的，是那些派出候選人參與公職選舉的政治團體。政黨要爭取選票，則須察覺選民關心的議題，並就此草擬相關的政綱。在這個發現議題和起草政綱的過程中，政黨內的領袖、行動者與一般黨員會緊密互動。就此而言，政黨的內涵就不只是其領袖的特質。雖然強勢領袖能左右政黨的體制及意識形態，政黨卻不會完全仰賴其領袖。亦因如此，政黨通常都能在個別領袖的政治生命終結後延續下去。

由於民粹主義大多會被用作攻擊建制，政評家和學者都傾向認為民粹主義會反對代議士之存在。畢竟民粹行動者及其支持者，通常都會批評現存政黨皆為腐敗組織。然而這並不代表民粹主義必然無法與代議政治融和。民粹主義者想要的，是要讓他們的代議士——也就是「人民」的代表——掌握權力。根據這種進路，民粹政黨會利用民粹主義攻擊建制，藉此為那些感到未獲代表的群體發聲。民粹政黨的興起及其選舉成就，直接源自把某些議題政治化的能力：那些議題往往遭到現存政黨有意無意的忽視。只要民粹政黨能得到一定的存在感，並能夠擁有屬於自己的議題，他們就能在政治世界占一席之地，迫使其他政黨回應及考慮其訴求。雖然民粹社會運動也能達成同樣的目標，民粹政黨因為有贏取選票（及議席）的能力，所以能更有效地取得成果。

雖然民粹主義與政黨之間有著意識形態上的張力，組織政黨卻是在歐洲最典型的民粹動員模式。今時今日，在大部分歐洲國家內都至少會有一個成功的民粹政黨。而在其中三分之一的國家，民粹政黨甚至能成為當地三大黨之一。就如某些偏見認為那樣，有些民粹政黨只是曇花一現的快閃黨：事實上，大部分這類民粹政黨與其說是真正的政黨，倒不如說是那些具個人風格的領袖即興設立的選舉工具。比如較古老的布熱德派政黨，或是較近期的拉脫維亞人民運動都屬於這種類型。而不少這類政黨亦毫不意外地以其領袖命名，比如奧地利「史莊納團隊」或荷蘭的「佛杜恩名單」。另一些政黨則以領袖的名字為俗稱，比如「拉脫維亞人民運動」因為其領袖維爾納・齊格列[7]的緣故，往往被稱為齊格列黨。

而西歐那些較重要的右翼民粹政黨，大多創黨二十年以上，其組織亦多比較嚴密。比如奧地利自由黨和瑞士人民黨分別於一九五六和一九七一年成立，兩黨雖然都曾經歷意識形態的轉型，卻仍能維持前後連貫的組織架構。即使是那些「新興」右翼民粹政黨，其本身亦往往已存在一段日子：比如國民陣線和挪威進步黨的興起都可追溯到一九七〇年代，而比利時的法蘭德斯利益和義大利的北方聯盟則分別於一九八〇年代初期及晚期成立。這些政黨都以緩慢而穩紮穩打的方式建立堅實的政黨組織，有時還會建立像青年部那樣的附屬組織。即使很少東歐民粹政黨能在一九八九年共產體制倒台前創立，而且這些政黨大都是既脆弱、又短暫，東歐還是有一些有組織且算是穩定的民粹政黨，包括斯洛伐克的左翼民粹政黨「方向─社會民主黨」、以及波蘭的右翼民粹政黨「法律與公正」。

案例：法國的國民陣線

國民陣線在創黨之時，乃是由小型極右團體組成的聯盟。其成員包括新法西斯主義政團「新秩序」、以及極度保守的列斐伏爾[8]派天主教徒，他們都在讓—馬里・勒朋的強勢領導下團結一致。在發展緩慢的草創時期，這個政黨只不過是眾成員組織的集合，到一九八〇年代中，這個政黨仍然只有約一萬四千位黨員。隨後國民陣線在布魯諾・梅格雷的完善管理下，開始建立自身的組織

7 維爾納・齊格列（Werner Joachim Siegerist, 1947-），德裔拉脫維亞記者、作家和保守派政治家。蘇聯解體後，他在一九九二年成為拉脫維亞公民，次年以拉脫維亞民族獨立運動（LNNK）成員當選議員，一九九四年被逐出政黨，後創立拉脫維亞人民運動。

8 列斐伏爾（Marcel Lefebvre, 1905-1991），極端保守的羅馬天主教大主教，反對梵蒂岡第二屆大公會議（一九六二—六五年）開始的自由化改革，一九六九年，他在瑞士弗里堡成立了聖庇護十世司鐸會，翌年更創立神學院，開始與梵諦岡齟齬，一九七六年，教皇暫停列斐伏爾的職務，一九八八年被逐出教會。

架構。勒朋和梅格雷的派系在一九九九年反目成仇，使黨內大批能幹的組織者出走、也有近三分之二的幹部脫黨，為政黨發展帶來重大挫折。之後，瑪琳·勒朋在二〇一一年接替其父的領導位置後，國民陣線浴火重生，黨員人數幾乎增加了三倍，從僅僅約二萬二千人激增至約八萬三千人[9]。

雖然國民陣線的黨規在字面尚算民主，實際運作卻高度集權。雖然該黨領導人是由黨大會選舉產生，競選過程亦相當激烈，但領導人在當選後卻可擁有至高無上的權力。瑪琳·勒朋把向其效忠的親信安插到各組織的主要職位，藉此透過無計其數的組織編制施展不成比例的影響力。在執掌黨權後，她與父親的鬥爭逐漸浮上水面，讓—馬里·勒朋這位名譽上的「終身主席」後來被剝奪黨籍。雖然開除黨籍一事須由黨大會核實，而他於黨內亦有追索權，老勒朋最終還是要透過民事訴訟迫使國民陣線恢復其黨籍。

如今在法國全國——包括其海外領土——都有國民陣線的組織，其下的青年國民陣線既強盛、亦活躍，並號稱擁有約二萬五千名會員。國民陣線甚至有為「海外法國人」而設的組織，該組織於世界各地設有十一個地區支部，並聲稱其會員遍及八十個國家。藍領工人乃國民陣線最重要的支持者。為促進與這個階層的溝通，國民陣線成立了幾個工會，又特別顧及那些傳統上傾向同情該黨的界別（比如是警官和獄卒）。該黨在工會選舉取得的些許成就，卻遭那些強烈反對國民陣線的傳統工會抵銷，為此國民陣線採用「入侵策略」，派黨員「滲透」各傳統工會及其管理層，其成果亦日益豐盛。

動態的動員模式

大部分民粹動員的案例，都可明確歸類為前述其中一種動員模式。最低限度，要為這些民粹動員在特定時刻（或時期）的發展分類是可行的事。不過民

9〔譯註〕瑪琳於二〇一七年參選總統，於第一輪選舉取得第二名，卻於第二輪選舉敗陣。她短暫退下火線後，再度領導於翌年更名為國民聯盟（National Rally）的國民陣線。二〇二二年的總統選舉亦進入第二輪投票，雖然最後獲得四十一．四五％的選票不敵現任總統馬克宏，但對該黨而言仍是極大的勝利。

粹動員的發展，大多會經歷各種不同的階段。幾乎所有的民粹動員在草創階段都缺乏堅實的組織架構：除非民粹領袖能接管一個組織完善的既存政黨，並將其轉化成民粹政黨。有趣的是，這條進路在歐洲正日趨普遍。

許多成功的歐洲民粹政黨在創黨時並非實行民粹路線，左右兩翼政黨皆然。舉例來說，德國民粹政黨左翼黨的前身，正正就是過往在東德執政、奉行菁英馬列主義的德國統一社會黨。奧地利自由黨和瑞士人民黨這兩個在西歐最成功的極右民粹政黨，在草創時期都不算是民粹政黨：縱使當時黨內已有舉足輕重的民粹主義派系。在海德爾和克里斯托夫·布勞赫[10]分別獲選為兩黨的領導人後，才開始將原本的非民粹政黨轉型為極右民粹政黨。在特殊的情況下，長期執掌非民粹政黨黨權的領袖亦可能將其政黨民粹化，就像「匈牙利公民聯盟」的奧班·維克多[11]那樣。

雖然上述例子說明領袖可以在民粹政黨內掌握很大的權力，這卻不代表這些政團只是領袖個人的選舉機器。在海德爾和布勞赫執掌黨權、改造政黨後，縱使他們能為其政黨帶來重大的選舉成果，卻仍必須與強勢的黨內反對派角力：這些黨內反對派，有的是民粹主義者、有的卻不是。面對奧地利自由黨黨內反對派帶來的沉重壓力，海德爾甚至要選擇脫離「他的」政黨，另外創立「奧地利未來聯盟」。耐人尋味的是，除了海德爾在克恩頓州的根據地，大部分自由黨的選民都繼續支持原先的政黨，未有改投舊領袖創立的新政黨。

不過在大多數情況，民粹動員與既有政黨風馬牛不相及。在常見的動員模

10 克里斯托夫．布勞赫（Christoph Blocher, 1940-），保守的瑞士商人和政治家。一九七二年加入瑞士人民黨，一九七五年當選為蘇黎世州議會議員，一九七九年當選為下議院瑞士國民議會成員。在其領導下，瑞士人民黨開始向右轉，形成歐洲懷疑論政策，從而反對瑞士融入全球主義和社會主義的歐盟。二〇〇三年選舉後當選為瑞士聯邦委員會成員，雖然二〇〇七年沒有連任成功，但他仍在黨內擔任高階職務並繼續參與政治。

11 奧班．維克多（Orbán Viktor, 1963-），匈牙利政治家，現任總理。一九八八年參與創建青年民主主義者聯盟，一九九〇年進入國會，後接任青年民主主義者聯盟—匈牙利公民黨主席，時為中間派自由主義政黨，一九九八年大選取得勝利，年僅三十五歲的奧班首次出任匈牙利總理，二〇〇二年大選後開始長達八年的在野時期。二〇一〇年青年民主聯盟及其盟友大勝，奧班第二次出任總理，並憑藉議會優勢修憲；二〇一五年，歐洲移民危機急劇惡化，奧班政府以強硬手段處理非法移民問題，二〇一八年第四度擔任總理。

式之中，往往會見到具有個人風格的領袖建立即興的選舉機器：也就是說強勢民粹領袖由上而下的動員。這種動員通常功敗垂成，又或者在選戰取得突破後土崩瓦解。至於那些捱過幾場選戰、又尚且能持續動員的民粹領袖，則傾向展開組黨之路，縱使他們也許心不甘情不願，這些領袖還是想鞏固權力、提升效能。

縱使創黨領袖往往能主導大勢，民粹政黨很多時候都能在他退下火線後延續下去，即使通常要經歷一段選戰失利、領導乏力的低迷時期。有些政黨在強勢領袖退場後，迎來另一位同樣強勢的領袖，就如在國民陣線（勒朋父女間的傳承）和奧地利自由黨（從海德爾過渡到海因茨—克里斯狄安・史特拉赫）那樣。另一種情況則是，創黨領袖之離世促成黨內派系間的團結，使他們共同建設承傳民粹理念的政黨。這類個案多見於拉丁美洲，比如裴隆之死為鞏固阿根廷正義黨鋪平道路、查維茲之死則使委內瑞拉統一社會主義黨更加壯大。

社會運動則是一種較罕見的民粹動員模式，不過這種模式在美國卻是主流：從十九世紀末的農業主義民粹運動、到二十一世紀初左右兩翼的民粹運動都是這樣。就像其他社會運動，民粹運動多是局限於地方的突發事件，通常都欠缺能領導全國的強人領袖和組織架構。近年的占領華爾街運動，正好是民粹主義在曇花一現的社會運動後無以為繼的經典案例。民粹運動的壽命往往持續不了幾年。那些能延續下去的運動，要麼是像茶黨那樣能與有一定組織的團體串連，要麼是能與遍及地方及全國的各種右翼團體（比如是共和黨）合作。

當民粹運動找到其強勢領袖，運動與領袖之間就會出現張力。若果領袖能夠創立自己的政黨，又能夠吸引關鍵行動者和傳媒的目光，那麼運動本身就會失去動力。這種情況曾經發生在印度。二〇一一年，印度高層弊案叢生，從而激發印度反貪腐這場民粹運動，領導者是被稱為「安納團隊」[12]的五位領袖。團隊成員阿溫・凱利瓦爾後來成立常民黨，又在選戰取得一定成果，反貪腐運

---

12 印度政府高層貪腐頻傳，二〇一一年四月，社會改革人士安納・哈扎爾（Anna Hazare）發起絕食抗議，要求加強反貪腐立法，其顧問團隊稱之為安納團隊（Anna Team），抗爭活動持續數月並吸引數十萬人民響應。團隊成員凱利瓦爾曾為前印度政府稅務局局長，於二〇一二年十一月創立常民黨，更將打擊貪腐的風潮帶至高點，然而他也因選舉經費的募集涉嫌違法而惹議。

動本身卻幾近消聲匿跡。西班牙的反緊縮運動亦是類近的案例。這場運動在二〇一一年冒出時，以反對日益惡化的貧富不均和貪汙腐敗為己任，其光芒最終卻被「我們能夠黨」奪去。該黨的創黨宣言獲得三十位知識分子和名人聯署支持。這份宣言高舉其身兼政治學家的創黨領袖伊格萊西亞斯・圖里翁[13]之地位，縱使這招來基於意識形態的反對聲音。

當代玻利維亞則是個極為獨特的案例：當地的民粹動員同時兼用前述三種動員模式。埃沃・莫拉萊斯是個人風格強烈的民粹領袖，他本人與社會運動關係密切：在二〇〇〇年代，這些社會運動既反對新自由主義的政策、又為少數族裔爭取更能代表其利益的角度。莫拉萊斯於二〇〇六年當選總統，為其撐腰的政黨「爭取社會主義運動黨」則與前述的社會運動密不可分。爭取社會主義運動黨本身亦組織嚴謹，雖然這個政團忠於莫拉萊斯，內部仍有各種不同的派系，而其組織架構亦遍及全國。這三種動員模式之間，存在著重大的張力。比如社會運動那邊曾數度迫使莫拉萊斯轉變關於某幾次改革的立場。縱使他一直是爭取社會主義運動黨無庸置疑的領袖，黨內卻為繼承人的問題爭論不休[14]。

結論

民粹主義者的動員可採用各種方式。前文我們討論了三種最主要的民粹動員模式：個人風格領導、社會運動、以及政黨政治。不過現在還有兩個問題尚待解答。首先，為何在某種特定地方，有些動員模式會比較普遍？而各種不同的民粹動員方式，對選戰結果又會否有不同的影響？

我們可以先為第一個問題提供初步的答案。民粹行動者並不活在政治真空

---

13 伊格萊西亞斯．圖里翁（Pablo Iglesias Turrión, 1978-），西班牙左翼政治人物，創立「我們能夠黨」並擔任黨總書記、歐洲議會議員和第二副首相。法律與政治的背景使其向來積極參與國內外政治與社會活動，因憤怒者運動無法為反緊縮政策提供有效解決方案，伊格萊西亞斯結合權力（poder）和民主（democracia）的概念，二〇一四年創立名為PODEMOS（We Can）的政黨，初次投入選舉取得佳績，成為第三大黨，二〇二〇年任內閣第二副首相，二〇二一年三月為了選舉離開內閣，然而黨的表現不佳，他最終辭去所有政治職務。

14〔譯註〕莫拉萊斯於二〇一九年十一月辭任總統，並一度流亡海外。其流亡生涯在其黨友阿爾塞（Luis Arce）贏得二〇二〇年十月的總統大選後結束。期間莫拉萊斯始終是爭取社會主義運動黨的領導人。

中。不同的政治處境有不同的條件和動機，這三種動員模式中，有些比較有利動員，並較易獲得政治行動者的偏好。不過最重要的因素在於，民粹主義要面對的政治制度是總統制還是議會制。籠統而言，總統制促進個人風格領導、而議會制則會帶來建造政黨的動機。民粹領袖即使沒有政黨連繫，也可以在總統制國家內舉足輕重，甚至能獲得行政權力。事實上，這種事情在拉丁美洲屢見不鮮（比如裴隆、藤森和柯利亞）。而在議會制國家，任何人要控制行政機關，都必須先在國會得到至少一個政黨的提名。亦因如此，幾乎所有歐洲重要的民粹力量，毫無意外都有一定組織的政黨。

在分析民粹社會運動如何興起時，總統制和議會制的分野卻不是那麼重要。就像其他類型的社會運動那樣，民粹社會運動在「政治機會結構」限制較多的民主國家比較盛行。多數決的選舉制度、與其相關的兩黨制、以及較高的參選和遊說（財政）門檻，都是高度設限的政治機會結構。亦因如此，我們可以理解何以美國的民粹動員，大多會採取社會運動的形式。雖然美國各地民粹意識極為普遍，其政治卻由共和、民主兩黨所壟斷，而兩黨阻截第三黨興起的努力也極為有效。雖然美國主流政客經常使用民粹主義的修辭，民粹動員卻必須在政黨架構外進行，形成像茶黨運動那樣的社會運動：雖然這些運動會與其中一個主流政黨有密切關係。

如此我們要追問第二個問題：究竟不同種類的民粹動員，其帶來的選舉成就會有分別嗎？要妥善解答這個問題，我們必須先瞭解選舉成就本身可以有兩種不同的定義。第一種是**選舉突破**，也就是贏取足以踏進政治領域（如國會議席或總統大位）的選票。另一種成就是**維持勝果**，也就是在政治體系內建立穩固勢力的能力。

民粹主義者能透個人風格領導取得選舉突破，這是毫無懸念的。尤其是那些魅力四射的民粹領袖，他們既有能力把自己裝扮成局外人，又能夠與群眾直接連繫。不過他們通常都不擅於建立制度。他們會建立個人風格的選舉平台，而不是與能幹的行動者和人員一起建立有組織的政黨，他們若要藉此維持勝果，反倒會麻煩不斷。比如藤森謙也曾三度贏得總統選舉，但其政黨自他二○○○年棄國後即銷聲匿跡。這些具備個人風格的選擇機器，盡皆化為灰燼。

他的女兒也只能運用這些殘缺不全的碎片另建新政黨。

由於民粹政黨多運用激進的語言，他們很多時候都要抗衡各方的反彈：有的來自主流政黨、有的來自公民社會團體、有的來自媒體。這些反彈愈強烈，民粹政黨要建立能吸引人才的完善組織就愈艱難。亦因如此，民粹政黨容易取得選舉突破，卻多無法維持勝果。有些民粹政黨之所以能於全國大選慘敗後苟延殘喘，是因為他們在地方或區域擁有根據地，好使他們能嘗試敗部復活。不少歐洲極右民粹政黨都有其地方根據地，比如安特衛普之於佛拉芒利益、或蘇黎世之於瑞士人民黨。而奧地利未來聯盟則是最極端的案例：此黨能於聯邦議會取得全國性的議席，完全取決於海德爾在其老巢克恩頓獲得的狂熱支持。

民粹社會運動對民粹主義取得的選舉成就，其影響卻模稜兩可。民粹社會運動的興起固然能展現民粹主義的理念，卻不會自動為民粹行動者帶來選舉突破。比如占領華爾街運動，就沒有為左翼民粹政客的選戰帶來太多助力——雖然對桑德斯或伊莉沙伯·華倫這類偏向進步派的民主黨員來說，這場運動或許有助其（黨內初選）選戰。然而，若果強勢的民粹社會運動能與主流政黨連結、甚至能夠在黨內進行部分的動員，其果效則大有不同。美國茶黨運動與共和黨的關係，就是這樣的案例。雖然茶黨運動未能控制共和黨這個全國性政黨，卻在黨內部分初選之中擔綱重要角色。共和黨在州議會和聯邦議會的議席，亦因茶黨運動緣故而出現更多民粹代表。

不過，民粹社會運動必須先創立新政黨、或是改造既存的政黨，方能增進維持勝果的機會。事實上，最成功的政黨中有不少都是源自社會運動，社會運動的組織資源，對建構妥善運作的政黨事關重大。試想像歐洲和拉丁美洲的勞工運動，如何促成社會主義或社會民主政黨的崛起。玻利維亞堪稱典範的民粹社會運動，既為爭取社會主義運動黨帶來選舉突破、同時有助其維持勝果：其領袖袖莫拉萊斯在連續三屆總統及國會選舉皆能獲勝[15]。

15〔譯註〕即使他在二〇一九年被迫棄國流亡，之後在短短一年內就能敗部復活。

第四章

民粹領袖

政治領袖在大部分政治現象中都擔當重要角色，民粹主義當然也不例外。不少學者都認為，即使民粹主義的形象千變萬化，其本質不過是依靠強人，並靠他動員人民、或／以及帶領他的政黨實行激進改革。很多時候民粹主義的展現，的確會伴隨著那些浮誇的強勢政治領袖的興起。從委內瑞拉總統查維茲到荷蘭政客懷爾德斯，民粹主義大多是由強勢領袖主導，而強人則通過言行舉止，包裝自己為人民之聲。因此英國政治學家保羅·塔加特認為，民粹主義「須有出類拔萃的人物去帶領普通平凡的人民」。

民粹主義歸根究柢是組理念，這些理念被不同的性格以至行事作風的行動者採用，所以世上並無堪稱典範的民粹領袖。魅力強人常被學術論文和流行文學描述為民粹主義者，也用來描述那些知名的民粹領袖，但這些人物的成就常受惠於各社會的特殊狀況。一切其實都取決於民粹領袖動員之時，要面對怎樣的政治文化：這些民粹領袖之所以如此「非凡」，既受各地特有因素影響，又必然有地方上的特色。民粹主義者唯一共同之處，在於他們宣稱自己為民喉舌，他既是政壇的局外人、又是平凡人民的真正代表。這種公共形象得由民粹領袖按其多不勝數的個人特質小心營造，而且亦不常反映真實。

魅力型強人

不論是學術還是通俗流行的爭辯，都或顯或隱地將民粹領袖定義為魅力強人。在拉丁美洲這類型的民粹領袖會被稱為**高地酋**（Caudillo），其字根乃拉丁文的「頭」（caput）：這詞語通常用來形容那些權力基礎獨立於政府、亦不受任何規範制約的強勢領袖。民粹強人傾向推動「個人崇拜」，把自己裝扮成陽剛而勇武的人物，並藉這種形象統治國家。

民粹主義與強人政治的連結可追溯到裴隆擔任阿根廷總統的年代。裴隆是元祖級的高地酋，以至當代拉丁美洲的民粹主義，背後仍然拖著他長長的身影：他當過陸軍上校、卻化身文人政客，他曾實施威權統治、卻也組織民主政府。委內瑞拉總統查維茲則是民粹強人的晚近案例：他同樣是軍旅出身的文人政客。拉丁美洲以外的強人雖然多沒有軍事背景，卻仍然擁有其他相若的特徵。比如前義大利總理貝魯斯柯尼[1]、前斯洛伐克總理梅恰爾以及前泰國總理塔克辛都是這樣的強人。

雖然民粹領袖不時與強人緊密連繫，我們卻千萬不能把兩者混為一談。事實上，只有少部分的強人是民粹主義者、也只有少部分民粹主義者是強人。強

1 貝魯斯柯尼（Silvio Berlusconi, 1936-），義大利企業家、政治人物、傳媒大亨，數度出任義大利總理。早年以建築公司起家，一九七八年開始經營商業電視台，一九八六年收購AC米蘭足球會成為主席，一九九四年投身政治，創建義大利力量黨，與北方聯盟結盟贏得選舉而首度出任總理，然而一九九五年初聯合政府因北方聯盟退出而解散，他被迫辭職，但後來數度出任總理，即使其言論與私生活爭議不斷，他在下台後仍有深厚影響力。

人的稱謂，大多隨威權政體而生。像阿根廷的羅薩斯[2]、墨西哥的迪亞斯[3]和西班牙的佛朗哥這類領袖都是學術文章論及的強人。他們都是獨斷乾坤的統治者，絕對算不上是民主派。但民粹主義終究會與民主政治藕斷絲連，而強人的威權性格亦非自民粹主義而生。

不少政治領袖都會藉包裝彰顯其強勢，但民粹強人的形象卻能更上層樓：他們少說話多做事、既果斷又不怕逆難而上、也不怕拂逆「專家」的意見。民粹強人充滿危機感——這些危機意識往往是自己營造的，又會訴諸反智主義，從而主張要以「雷霆手段」和「常識答案」回應時局（「危機」）。菲律賓的艾斯特拉達曾活躍於演藝界，亦能善用演繹生命的藝術將政治形象與戲場光影合而為一：他在擔綱演出的電影中，都扮演濟弱扶傾的英雄角色。

強人的形象亦往往肆無忌憚地與民粹領袖的性魅力串連起來。當年曾經有年輕女子聲稱自已是艾斯特拉達的私生女，艾斯特拉達在回應提問時卻說這可能是真的，因為「有太多女人想和我生孩子」。像貝魯斯柯尼那樣的民粹主義者甚至熱中於營造性慾旺盛的形象。當他的政敵試圖將其惡名昭彰的性愛派對炒作為醜聞時，這位被譽為「騎士」（il Cavaliere）的民粹強人卻利用傳媒的關注宣揚其風流韻事，他只是堅決否認赴會的女孩是收費的應召女郎。他在一次訪談中聲言：「對喜歡征戰的人來說，追求的過程就是快感與滿足之泉源。若用金錢換來，又有何樂可言？」

民粹主義者普遍愛用簡單甚至是低俗的語言，而強人對此尤其熱中。這是所謂的「酒桌聚會（Stammtisch）」的論調。他們宣示自己是「兄弟幫」的一員、是男人的老朋友，喜歡討論體育、品評女人，而不是談政治、論政策。他們賣

2 羅薩斯（Juan Manuel de Rosas, 1793-1877），十九世紀布宜諾斯艾利斯省省長，拉丁美洲早期著名的高地酋之一。十九世紀初阿根廷獨立運動爆發，國民大會取代總督，但初期革命者分裂為集權派和聯邦派持續戰鬥。羅薩斯於一八二七年擔任布宜諾斯艾利斯省武裝部隊總司令，一八二九至三二年在聯邦派支持下任省長，並於一八三一年建立了阿根廷邦聯。隨後他發動荒漠遠征，討伐印第安人，以鐵腕統治鎮壓集權派，直至一八五二年戰役失敗，出逃英國。

3 迪亞斯（Porfirio Díaz, 1830-1915），墨西哥軍人及總統。一八四六年美墨戰爭爆發後參軍，傑出的軍事生涯為日後政治生涯奠基。一八七六年擊敗政府軍，翌年正式當選總統，首任逐漸鞏固權力，挑選繼任者後卻很快對其不滿，一八八四年再次競選並當選，建立強大的集權政府，直至一九一一年垮台，流亡海外。

弄性別偏見、滿口粗言穢語，藉此和「普通男人」打關係。比如曾任義大利右翼民粹政黨北方聯盟領導人的翁貝托・博西[4]，為了激起集會群眾的情緒，他一邊高呼「聯盟硬起來了」、一邊向羅馬（菁英群集之地）比中指。

民粹強人的魅力也許是其最具爭議的特徵。根據德國社會學大師馬克斯・韋伯[5]的講法，魅力型領袖的權威源自其天賦恩賜的超凡魅力（又曰卡里斯瑪，charisma）。他自覺得蒙天啟，對英雄氣概、個人的領導才能亦極為自信，並委身於此。韋伯相信魅力型領袖會於憂患時代迎難而上：人民面對這種局面，容易把希望寄託在某位人物的個人特質之上，且這位人物通常都是政壇局外人，與慣常的權威來源（比如習俗和法例）沒有關聯。韋伯的魅力式領導論對民粹主義研究影響深遠，縱然學者們不一定會坦白承認。

根據流行的理解，魅力乃領袖尊享的一組非凡特質：只要身為領袖，就會擁有這些特質。可是關於這些特質的內容，既引起激辯、又造成困惑。魅力不時被形容為「受歡迎」和「強勢」，如此以魅力解釋政治人物的支持度，就不免陷入循環論證的套套邏輯：受歡迎的領袖被視為「強勢」，是因為他們享有支持度，不受歡迎的領袖則因缺乏支持度而陷於「弱勢」。

但是韋伯對魅力式領導的理解，卻認為其關鍵在於領袖與追隨者之間的特殊連結：這種連結不單取決於領袖的個人特色，追隨者的期望和印象亦至少同樣重要。亦因如此，若要尋找魅力之普遍特徵，這種努力終必歸於徒然。魅力及其特徵，反倒是由文化決定：比如瑞典社會對魅力的定義，必然有異於秘魯

4 翁貝托·博西（Umberto Bossi, 1941-），義大利政治家，一九九一—二〇一二年任北方聯盟黨領袖。一九九一年，博西主導倫巴底聯盟與其他地區政黨合併，組成北方聯盟。該黨主張富裕的北方城市受較貧窮的南方阻礙，呼籲更大的區域自治，並對移民採取強硬立場。博西因其具爭議的言論聞名，經常面臨刑事指控。二〇〇四年中風後辭去內閣職務，成為歐洲議會議員，但他仍於二〇〇八年帶領北方聯盟在選舉中表現出色。二〇一七年因欺詐罪被判入獄二十七個月。

5 馬克斯·韋伯（Max Weber, 1864-1920），德國社會學家、政治經濟學家，現代社會學創始人之一。他認為社會學乃是對社會行動做出「解釋性理解」，以說明其因果關係的科學；他的代表作《新教倫理與資本主義精神》（*The Protestant Ethic and the Spirit of Capitalism*）強調宗教對社會與經濟結構的影響，並舉出新教倫理對西方資本主義發展的影響。其論述「科層體制」（bureaucracy）及三種權威來源的形態——即傳統、人格魅力（charismatic）及法理的（legal-rational）權威——影響社會科學研究甚鉅。

的標準。

即或如此，我們仍能列舉一些魅力型領袖的顯著案例，這些領袖都能與支持者直接連結。那些缺乏強力組織支持、也沒有明確政治哲學，卻能得到大量人民支持的民粹領袖，都是明顯的例子：比如前巴西總統德梅洛、或是荷蘭的佛杜恩。另一些民粹主義者則帶領組織完善的政黨，而這些政黨亦有清晰的綱領。在這種情況比較難判斷他們取得的支持，是出於對政黨的忠誠、對政綱的認同、還是因為受到領袖魅力的吸引。評論員為強調個別領袖如何令民粹政黨勝選，創造了諸如「勒朋效應」或「海德爾現象」那樣的詞彙。但是在這兩個例子，領袖魅力卻只帶來短暫的影響，使（新）支持者成為政黨鐵票之源。在此以後，這些支持者則因為政黨組織及意識形態的緣故，凝聚成更堅實的支持者社群。政黨在現實上的角色，比領袖的魅力更能解釋這種令人驚訝的現象：不少民粹政黨的鐵桿支持者，在換了領袖後仍對政黨保持忠誠。

有些學者則認為魅力式領導能在政治團體內體制化，從而營造超越個別魅力型領袖的「魅力型政黨」。然而民粹政黨的組織架構各適其適，若將民粹政黨都定義為魅力型政黨，那恐怕會是過分推論。另一些論者則專注魅力式領導的內部效應，認為有些民粹領袖擁有「小圈子魅力」，能把核心行動者與個別領袖緊密扣連。比如國民陣線的讓—馬里・勒朋就是擁有強烈小圈子魅力的民粹領袖：他憑一己之力，就能把龍蛇混集的極右群體團結起來。俄羅斯的季里諾夫斯基[6]則是另一個例子：他所創立和領導的政黨，卻弔詭地稱為俄羅斯自由民主黨。

6 季里諾夫斯基（Vladimir Zhirinovsky, 1946-），俄羅斯政治家，一九九一年自行創建自由民主黨，並於六月競選俄羅斯總統，以「和你一樣」、「讓俄羅斯站起來」等宣傳用語引起共鳴，贏得了七・八%的選票，排名第三，並為其政黨帶來了更多的認可。該黨激烈的民族主義與反猶太主義在一九九三年議會選舉贏得逾五分之一選票，一九九六年和二〇〇〇年均參與總統大選，二〇〇〇年和二〇〇四年當選為杜馬副議長。二〇〇一年承認自己的猶太裔身分，反猶言論較緩和，但其煽動性言論風格並未減弱。

人民之聲

民粹政治基本上乃「純粹人民」對抗「腐敗菁英」的鬥爭，亦會扮出為人民主權不顧一切的姿態，亦因如此，民粹領袖不得不把自己包裝成人民的真正聲音。就如「人民」和「菁英」都是建構出來的那樣——儘管那通常建基於某種被曲解的事實，人民之聲也同樣由民粹領袖所營造：諷刺的是，這個過程卻往往被建制的反民粹論調所強化。人民之聲的建構，背後有兩個獨特而相關的過程：分別是（1）與菁英區別，以及（2）和人民連繫。前者關乎民粹領袖的局外人身分，後者則涉及他們信誓旦旦的真誠。

民粹領袖須說服其追隨者，使他們相信領袖並非（腐敗）菁英的附庸，而是（純粹）人民之一員。為此民粹強人會強調實幹和男子氣概、附和人民的文化偏見、又提出有違專家意見的「常識」方案。但其他類型的民粹領袖就必須發揮更多的創意。在以下的討論，我們會剖析三組非典型的民粹行動者，觀察他們如何運用自身的性別、職業和族裔，將自己包裝成人民之聲。

女性

雖然公眾對民粹主義的刻板印象，仍然認為這是強人漢子的事情，現實上卻出現過為數不少的女性民粹領袖。史上首位知名女性民粹主義者，大概就是胡安．裴隆的第二任夫人伊娃．裴隆：她至今仍不斷啟發一般的阿根廷人、以及知名的外國人（比如美國流行樂手瑪丹娜）。有些當代女性民粹主義者亦是男性民粹強人的親屬，比如是法國的瑪琳．勒朋和泰國的盈拉。但亦有不少女性民粹主義者憑一己之力發展其政治事業。寶琳．韓森乃其中的典範案例，她在澳洲創立單一民族黨，這政黨短暫的成就大部分都歸功於她。此外丹麥人民黨的前領袖皮雅．柯斯加[7]、德國另類選擇黨的現任主席弗勞克．派翠[8]、挪

7 皮雅．柯斯加（Pia Kjærsgaard, 1947-），丹麥政治家。一九八四年，她以進步黨員的身分進入丹麥議會，一九九五年脫黨創立丹麥人民黨，並領導該黨至二〇一二年，二〇一五年當選為國民議會的第一位女議長。丹麥人民黨在意識形態上屬歐洲右翼，限制移民、在歐盟維護丹麥主權。

8 弗勞克．派翠（Frauke Petry, 1975-），德國政治人物，出生於東德，從政前為實業家。二〇一三年加入另類選擇黨，並擔任發言人，二〇一五年大量難民湧入德國，她批評梅克爾的難民政策，並將反對移民問題推上政黨中心位置。二〇一五至二〇一七年主席任內多次發表反穆斯林言論，

威進步黨現任領袖西芙・延森[9]、以及言論惹火的前阿拉斯加州州長莎拉・裴琳都屬於這個類型。

就像男性的民粹強人那樣，女性民粹領袖亦會運用其社會的性別敍述，藉此建立身為人民之聲的形象。她們尤其擅於運用其性別營造局外者的身分：由於民粹領袖身為女性，而大部分（政治）菁英都是男士，如此則進一步確認她作為政壇局外人的形象。比如裴琳就曾高呼要對抗阿拉斯加及美國政壇內的「老男人」關係網。除此之外，社會上的性別敍述，有助女性民粹主義者把自己裝扮成不情願的政客。在韓森開始從政時，她曾如此宣稱：「我來到這裡，不是要當優雅的政客；我不過是個歷盡生活打擊的女人。」

女性民粹主義者為連結純粹人民，常會根據其文化展現「好女人」的特徵，把自己包裝成賢妻良母。這樣她們就能呈現「真實」的形象，並與那些受建制忽略的支持者建立連繫。裴琳就曾依據阿拉斯加的處境，將「足球媽媽」這個較普通的詞彙，轉化成琅琅上口的「曲棍球媽媽」[10]。她亦依據性別偏見創造「灰熊媽媽（Mama Grizzly）」一語，以此形容那些保護子女的剽悍母親[11]。韓森曾經把極為女性化的語調，與國族主義和民粹主義揉合在一起，宣稱：「我熱切關心這個國家，就如它的母親那樣，澳洲是我的家庭，澳洲人民都是我的子女。」

企業家

商界的企業家是另一種常見卻受到忽視的民粹領袖。有些知名民粹主義者在成為普通人民的聲音前，曾經是成功的商人，屬於富貴顯榮的階層。根據《富

其後退黨並創立右翼民粹政黨藍黨（Blue Party），只是該黨於二〇一九年選戰失利後解散。

9 西芙・延森（Siv Jensen, 1969-），挪威政治人物。畢業於挪威經濟學院，一九九四年從政，一九九七年首次當選議員，並於二〇〇六年成為進步黨領袖，二〇一三年選舉結果帶領其政黨首度進入內閣，於二〇一三至二〇二〇年擔任財政部長，是二戰以來任期最長的財長。

10〔譯註〕即那些帶子女參加運動比賽，並在旁邊打氣的母親。阿拉斯加氣候嚴寒，冰上曲棍球比其他州流行。

11〔譯註〕灰熊為阿拉斯加原生物種。母熊若感到幼熊受到威脅，性情會變得極其暴躁，甚至會為此襲擊人類。

比士》在二〇一五年的評估，塔克辛家族坐擁十六億美元的資產，名列泰國富豪家族榜第十。而貝魯斯柯尼家族的資產總值則有七十八億美元，如此驚人的金額使該家族穩站義大利富豪家族榜的第六名。在一九九二年美國總統大選取得近兩成選票的羅斯·佩羅，則大約有三十七億美元資產，在二〇一五年的美國富豪榜名列第一五五位。

由於民粹主義包含對建制的正面攻擊，要讓「民粹企業家」這種組合取得支持，往往有一定難度。然而民粹主義區別人民和菁英的方式，並非建基於社會經濟條件上的分類——即階級與財富之類，而是取決於道德倫理上的差異。這樣民粹企業家就能強調其洞悉商機的本性，營造身為政治局外人的形象。他們把自己形容為白手興家的老實商人：他們能累積財富，是因為他們克服了腐敗政客，斷然不是源自政客的幫助！除此以外，民粹企業家亦自詡為不情願的政客：他們從政不為牟利，有別於那些專業政客。就如貝魯斯柯尼繪形繪色地宣稱：「我不需要為權力謀取公職。我在全世界都有房產、到處都有我的豪華遊艇……漂亮的飛機、美麗的妻子、圓滿的家庭……我（從政）是在自我犧牲。」

要讓民粹企業家連結人民，乍看似乎是種不可能的任務。畢竟他們的日常生活與他們要代表的「平凡人」完全沒有交集。一般義大利人不像貝魯斯柯尼，住在像熱爾內托堡這種全面翻新的十七世紀大宅。普通美國人不會有冠名的博物館，羅斯．佩羅卻捐出五千萬美元，使德州達拉斯的自然科學博物館冠上自己的名字。然而，他們卻會運用財富連結「人民」，並為自己添上真誠的光環：比如透過資助體育活動。貝魯斯柯尼曾高調地買下米蘭足球俱樂部這個世界馳名的義大利球會，塔克辛則曾短暫擁有曼徹斯特城足球俱樂部。民粹企業家亦會擔任國內主要球會的主席，就像剛果民主共和國的莫伊斯．卡通比之於馬澤姆貝足球俱樂部、法國的貝爾納．塔皮之於馬賽奧林匹克、羅馬尼亞的吉吉．貝卡利之於布加勒斯特星隊、或是後來西班牙的赫蘇斯．希爾之於馬德里競技那樣[12]。

12 這幾個均為足球俱樂部：馬澤姆貝足球俱樂部（Tout Puissant Mazembe）是非洲盃冠軍球隊，曾於二〇一〇年參加世界盃並獲得亞軍；馬賽奧林匹克（Olympique de Marseille）成立於一八九九年，曾獲多次法國甲級聯賽冠軍；布加勒斯特星隊（Steaua București），羅馬尼亞首都的足球俱

族裔領袖

族裔與民粹主義的關係，比許多人的講法更複雜。這兩者往往被混為一談：這種誤解在歐洲尤其普遍，那是因為揉合權威主義、排外主義和民粹主義的極右民粹政黨於當地極為活躍。在拉丁美洲，則會將那種由原住民動員的民粹主義稱為**民族民粹主義**。雖然兩種民粹主義都想靠族裔身分建立真誠的形象，其基本運作卻大異其趣。歐洲極右民粹主義並不以族裔區別人民和菁英——兩者反倒是同族人。他們要做的，是把「本族人」與既非人民、亦非菁英的「異種人」區隔起來[13]。拉丁美洲的民族民粹主義卻把國族定義為多文化的群體，而人民與菁英之間分別，則同時是族裔與道德水平的分野。

埃沃．莫拉萊斯與其領導的爭取社會主義運動黨乃民族民粹主義的典型案例。莫拉萊斯乃玻利維亞首位原住民總統；占全國人口多數的原住民一直都受到有系統的歧視。他經常使用其族裔身分說明自己既非菁英之一員（故是局外人）、亦與平凡人民有所連繫（因而實在）。比如他不時宣稱自己的祖先已在美洲定居四千年，菁英卻多是後來的歐裔人。莫拉萊斯亦藉其族群身分說明自己忠於本性：他所屬的艾馬拉族是玻利維亞兩大原住民族群之一。他有一句名言，聲言「吾等印第安人就是拉丁美洲的良心」。莫拉萊斯及其爭取社會主義運動，亦不像歐洲的族裔民粹政治那般排外。事實上爭取社會主義運動黨的外展工作，不只局限於艾馬拉族和克丘亞族這兩個原住民大族，亦及於麥士蒂索人和白人。就如莫拉萊斯所言：「最重要的是，原住民並非天生就滿懷怨恨。我們不是要欺壓任何人——我們只想團結一致，以公義和平等建設玻利維亞。」

這樣的民粹領袖也非必要是主流族群的成員。就如前文所述，藤森謙也雖然來自人丁單薄的日裔社群，卻能成為秘魯最受歡迎的政治人物之一。秘魯各種族尊卑分明，菁英多為歐洲人的後代，藤森的少數族裔背景反倒有助他與平凡人民連結：作為非歐裔秘魯人，他顯然是被菁英排拒的那類人。除此以外，少數族裔的身分亦使藤森能營造政治局外人的謙卑形象：他可以說明自己能夠

樂部，是羅馬尼亞足球甲級聯賽奪冠最多的俱樂部；馬德里競技（Club Atlético de Madrid）多次獲得西班牙甲級足球聯賽冠軍，亦三度奪得歐足總歐洲聯賽冠軍。

13〔譯註〕「菁英」的「罪惡」，就是身為「本族人」、卻照顧「異種人」的權益，「出賣」自己的「同胞」。

創業興家，完全是依靠個人的才能，與建制毫無瓜葛。他與主要對手巴爾加斯・尤薩的競爭，更進一步突顯這樣的形象：尤薩是位知名小說家，也是歐裔白人。

圈子內的局外人

民粹領袖往往會聲稱自己是政治素人：因為他們的身分是政治局外人，與政治建制亦毫無相通之處。如此宣稱既能與前朝不受歡迎的政策切割，亦可擺脫一般政客那種腐敗無能的形象。他們亦能擺出不情願從政的討喜姿態，從而與主流專業政客區別起來。有別於他們不時論及的那種專業「政治階級」，民粹主義者宣稱從政不為私利，而是要呼應還政於民的使命。然而實際上，大多數的民粹領袖都算是國內菁英階層的一分子。他們的社會人口學特徵，通常都屬於政治菁英階層：他們大多受過高等教育、來自中產甚至是上層階級、也多是主流族群的中年男性。除此以外，不少領袖亦會於政壇打滾過好幾年。

比如希臘總理齊普拉斯，就曾經以希臘共產主義青年成員的身分出道；德梅洛在獲選為巴西總統前，曾代表過不同的政黨參選；懷爾德斯在創立荷蘭自由黨前，曾於保守派自由民主人民黨擔任負責外交政策的後座議員[14]。有些民粹領袖甚至曾於政府任職，後來才重新界定自己為局外人：比如厄瓜多的柯利亞曾在阿爾弗雷多．帕拉西奧[15]的政府擔任財政部長、菲律賓的艾斯特拉達曾經是與羅慕斯搭檔的副總統、韓國的盧武鉉則是金大中政府的海洋水產部部長。

有一些民粹主義者則憑藉家庭連繫踏足政壇，甚至可說是在民粹政黨內長大成人。不少重要女性民粹主義者（當然不是全部），都是以這種途徑出道。

14 後座議員：指下議院的普通議員。依英國下議院的慣例，執政黨議會黨團領袖、在政府中任職的議員以及反對黨影子內閣的成員等重要議員坐在前排，普通議員則坐在後排，後座議員通常是新當選或委任的議員，或已從內閣中離職的議員，影響力雖較低，但占據國會多席議席，集體行動下足以左右政策推行。

15 阿爾弗雷多．帕拉西奧（Alfredo Palacio，1939-），厄瓜多總統，父親曾為該國共產黨領導人。從政前為心臟專科醫師，一九九四至九六年任衛生部長。二〇〇二年搭檔參與大選，二〇〇三年出任厄瓜多副總統（至二〇〇五年四月），二〇〇五年總統被國會罷免，帕拉西奧就任總統迄二〇〇七年止。

比如伊莎貝爾・裴隆[16]是胡安・裴隆的遺孀、瑪琳・勒朋和藤森惠子則分別是讓—馬里・勒朋和藤森謙也的女兒、烏蘇拉・哈布納和盈拉則分別是海德爾和塔克辛的姊妹。她們民粹領袖的地位都「繼承」自其家人。不過領袖地位之繼承，既不限於民粹主義者、亦不止於女性。不少南亞的非民粹女性領袖或像班娜姬・布托那樣「繼承」父親的地位，或如桑妮雅・甘地「秉承」先夫的「遺志」，但比利時總理夏爾・米歇爾和美國總統喬治・布希那樣的西方男性政客，也同樣承傳了父親的政治資產。

總要而言，我們可以把民粹主義者分為局外人、圈子內的局外人、以及局內人三種類型。真正的局外人極其罕見，他們與廣義的菁英（包括經濟菁英和文化菁英）沒有明確的連繫，因而必須踏上一條與政治主流毫無交集的從政路。烏戈・查維茲和藤森謙也乃少數成功的民粹局外人。查維茲曾是委內瑞拉陸軍的低階軍官，曾因涉及一九九二年的流產政變而惡名昭彰。藤森則是任職大學校長的學者，在初次競選總統時並無任何政治連繫。比起穩固而體制化的政治體系——例如西歐那類政黨主導的議會制，像拉丁美洲式總統制這種浮動而個人化的制度，可能對真正的局外人更為有利。

在現實世界，成功的民粹主義者幾乎都是圈子內的局外人：這些男男女女雖然從未成為政治菁英之一員、也從未參與政權的小圈子，卻與局內人有著各種（堅實的）連繫。比如奧地利自由黨領袖約爾格・海德爾，曾經是社會民主黨執政多年的總理布魯諾・克賴斯基[17]（於一九七〇至一九八三年執政）之隨從。莎拉・裴琳躍上全國政治舞台，有賴共和黨資深參議員約翰・馬侃的扶持。

---

16 伊莎貝爾・裴隆（Isabel Péron, 1931-），阿根廷前總統裴隆的第三任妻子。二人結識於裴隆流亡期間，一九六一年結婚，一九七三年裴隆夫婦以正義黨主席和第一副主席身分返國，搭檔競選，裴隆再次成為總統，裴隆夫人成為第一位女性副總統兼議長。一九七四年裴隆因病而由裴隆夫人代理總統，之後依法接任總統及正義黨主席。然而上任後她開始清除左翼勢力，加上一系列政治謀殺，不久後發生一連串的罷工活動，一九七六年三月軍方政變，裴隆夫人遭囚後被流放至西班牙。一九八三年短暫返國，一九八五年辭正義黨主席，長居西班牙。

17 布魯諾・克賴斯基（Bruno Kreisky, 1911- 1990），奧地利社會民主黨領袖和奧地利總理。因其猶太血統受迫害而逃往瑞典，後於斯德哥爾摩的奧地利公使館任職（一九四六—五〇年），之後歷任議會議員、外交部長，一九六七年當選社會民主黨主席，改革並領導該黨脫穎而出，成為奧地利總理。因奉行「積極中立」政策、緩和與鄰國關係而受到讚譽。

貝魯斯柯尼能建立其傳媒王國，也是仗著與貝蒂諾・克拉克西[18]的特殊關係：克拉克西於一九七六至一九九三年擔任義大利社會黨總書記，並在一九八三至一九八七年位居義大利總理。在共產體系垮台後的一九九〇年代，東歐大部分顯赫的民粹主義者都曾與共產政權關係緊密。比如極右民粹政黨「大羅馬尼亞黨」的領袖科爾內留・瓦迪姆・都鐸[19]，就曾是共產黨獨裁者尼古拉・西奧塞古[20]的「御用詩人」。弗拉迪米爾・吉里諾夫斯基則成立首獲蘇聯官方祝福的「反對黨」。諷刺的是，能否與（舊）菁英有所連繫，往往主宰著民粹主義者的成敗。

除此以外，亦有一小撮民粹主義者可被歸類為局內人：這些民粹主義者，正是來自政治菁英圈的核心。部分人在成為民粹政客前，曾經在主流政黨身居要職。塔克辛無疑是這群人當中的最佳代表：他在創立自己的民粹政黨並獲選為總理前，曾兩度擔任泰國的副總理。另一些民粹政客除了改變自己，也將所屬的政黨民粹化。比如瑞士的克里斯托夫・布勞赫，就把保守派的瑞士人民黨改造成西歐最成功的極右民粹政黨；而匈牙利的奧班・維克多，則先令自由放任派的匈牙利公民聯盟轉向成保守派，再將之改造成右翼民粹政黨。

倘若民粹領袖在選戰勝出後能長期執政，局外局內之別就會日趨模糊。在這種情況下，民粹領袖無可避免會成為政治建制、通常也是經濟建制之一員。

---

18 貝蒂諾．克拉克西（Bettino Craxi, 1934-2000），十八歲參加社會主義青年運動，一九五七年成為社會黨中央委員，一九七〇年任副書記。一九七六年大選失利後，克拉克西出任社會黨總書記，以改革者和現代化者自居，團結黨內各派系。一九八三年起擔任總理，經濟表現亮眼，提高社會黨支持率，外交上親美以對抗蘇聯。一九九三年義大利政府的貪腐醜聞曝光，克拉克西面對多項指控辭去黨務，最終流亡海外病故。

19 科爾內留．瓦迪姆．都鐸（Corneliu Vadim Tudor, 1949-2015），羅馬尼亞詩人、作家和政治家。一九八九年共產政權被推翻後，言論蠱惑人心的瓦迪姆具有關鍵地位。一九九二—二〇〇八年擔任參議員，以宣揚強烈民族主義觀點著名，他的大羅馬尼亞黨在二〇〇〇年大選贏得四分之一的議會席次。二〇〇七年該國加入歐盟後影響力漸弱，翌年瓦迪姆失去議會席位（儘管他二〇〇九年當選為歐洲議會議員）。

20 尼古拉．西奧塞古（Nicolae Ceaușescu, 1918- 1989），羅馬尼亞政治人物，早年曾因共產黨活動被囚，一九四七年共產黨全面掌權後，位居黨內第二高位。一九六五年接任共黨人及國家元首，其獨立、民族主義政治路線贏得人民支持，一九七四年當選為新設立的羅馬尼亞總統。對內則更加堅持中央集權管理，嚴格控制言論自由和媒體。一九八九年十二月，西奧塞古被反政府示威推翻並處決。

查維茲主義在委內瑞拉的情況乃最具代表性的案例。在執政十五年後，「玻利瓦革命」幾乎全面改變菁英圈子的生態，造就一群被稱為「玻利布爾喬亞」[21]的統治階級。查維茲掌權逾十年，他的身分也逆轉了：他以真正局外人之姿態參與一九九九年的總統大選，到二〇一三年選舉時卻已變成地道的局內人。

局外局內之界線時而模糊，政客是否稱得上是民粹，偶爾也顯得撲朔迷離。有些知名的主流政客也不時採用民粹的修辭，包括澳洲總理東尼・艾伯特和美國總統隆納・雷根。有些評論員甚至偏好用**局內人民粹主義**這個詞來形容這類政客。不過這些政客、以及他們所屬的政黨都稱不上是真正的民粹：民粹主義根本不是其意識形態之主要特徵。這些局內人不過是為了與其他主流政客區隔，（嘗試）讓自己顯得真誠，才姑且**借用**民粹主義的語言。亦因如此，主流政客只會在選戰期間才會動用民粹論述，在執掌政權後就對此置而不顧。

民粹主義形象

強調個人風格的營造乃當代政治之大趨勢，民粹政治也不例外。不論其動員模式如何，能夠獲得成就的民粹主義案例，大多由強勢領袖所帶領。但民粹主義並非由領導風格所定義，也不一定伴隨某種獨特風格的領袖。刻板印象中的那種民粹強人，從來只是民粹領袖的少數——不論那些領袖採取何種宿主意識形態。民粹領袖成功與否，並非由一籃子的個人特質決定，而是要視乎領袖能否小心營造人民之聲的形象：要建立這種形象，既須有局外人的身分、亦須要顯露真誠。

民粹領袖作為人民之聲的獨特形象，其吸引力會受到社會的政治文化影響。比如說刻板印象中的民粹強人，會在文化較為傳統和陽剛的社會較受人民歡迎，而民粹企業家則在相對資本主義、物質主義的社會較為吃香。政治文化對女性民粹領袖的影響，更是耐人尋味。各個社會皆有其性別因素，但性別在不同的社會擔當了不同的角色。不論是在傳統的社會、還是平權的社會，女性

21〔譯註〕「玻利布爾喬亞」（Boliburguesía），意指「玻利瓦資產階級」。

民粹主義者都可能取得成就，但兩種成功之路卻會截然不同。傳統的社會偏好讓女性（男性亦然）民粹主義者通過繼承取得權力；平權的社會也（同時）擁抱自食其力的女性領袖。

民粹領袖的宿主意識形態，亦能影響他們如何建構人民之聲的形象。比如企業家形象要配搭民粹新自由主義，就遠比配合民粹社會主義來得輕鬆；少數族裔的領袖要領導民族民粹主義，也會比帶領右翼民粹政黨來得容易。在右翼民粹政黨打滾的女性領袖，與活躍於左翼民粹政黨的對手相比，亦會傾向建立比較傳統的形象。不論如何，絕大部分的民粹領袖都會費盡心思去營造政壇局外人的形象：為此他們必須隱藏與菁英持久而緊密的關係，畢竟他們一直都在猛烈批判同一批圈內人。根據保羅・塔加特洞悉先機的觀察，我們可將民粹主義視為一種非凡領袖為服事平凡人、而擺出平凡姿態的政治模式。

第五章 民粹主義與民主政治

民粹主義與民主政治之間的關係，一直都是惹起激辯的論題。雖然各界對此論題顯然未能達成共識，但我們可說，傳統觀念大致上視民粹主義為對民主的內在威脅。觀乎近年提出這種說法的論者，法國學者皮埃爾．霍桑瓦隆[1]也許可算是當中的佼佼者：他主張應該把民粹主義視為「對代議民主的理想和程序之惡意扭曲」。但過往對此論題仍有一些異見聲音，有論者甚至認為惟獨民粹主義能稱得上是真民主。厄尼斯特．拉克勞乃當中比較近期的辯士，他相信

1 皮埃爾．霍桑瓦隆（Pierre Rosanvallon, 1948-），法國歷史學家和社會學家。早年作為工會運動理論家，一九八〇年代轉向學術生涯，研究法國的政治模式和法國民主的歷史，二〇〇一年獲選為法蘭西公學院教授，擔任現當代政治史教授，並開啟對當代民主變遷的歷史和理論研究。

民粹主義能使被忽視的界別集中其訴求，從而促成「民主政治的民主化」。[2]

這兩種大異其趣的詮釋在某程度上都可算是正確。民粹主義既可以是對民主的威脅、也可以是改善民主的良方，結果視乎其興起的處境、以及其選舉能力。民粹主義之於民主政治，既不好、也不壞。就如同自由主義、國族主義和社會主義等意識形態對民主政治的影響，有的正面、有的負面，民粹主義亦復如是。為求瞭解民主與民粹之間的複雜關係，我們會先定義何為民主，如此則有助釐清民粹力量對民主正反兩面的作用。在此以後，我們會提出一套原創的理論框架，解釋民粹主義對各種政治體制的影響，透過這套框架，我們將能夠辨明民粹主義在民主化進程與去民主化過程之各階段，會帶來那些不同的主要效應。

民粹主義和（自由）民主

與民粹主義一樣，民主這個概念在學界和輿論中同樣備受爭議。他們爭論的不只是民主的正確定義，也涉及如何分辨各種類型的民主。雖然我們無法在此深究這些論爭，但我們若要明白民主和民粹糾纏不清的關係，就不得不先闡明對民主的理解。

（沒有形容詞的）民主，就是人民主權與多數決原則的結合，這恰好就是最貼切的定義。亦因如此，民主可以直接、亦可以間接，可以自由、也可以非自由。民主一詞之字根，源自人民自治之理念，也就是說，民主政治，正正是一種讓人民施行統治的政治制度。亦因如此，根據最「基本」的定義，民主就是一種通過有競爭的選舉挑揀統治者的**方法**。自由與公正的選舉，正好就是能界定民主政治的特徵。與其透過武力衝突變換領袖，人民更認同按多數決原則

2〔譯註〕任教於艾塞克斯大學的後馬克思主義政治理論家拉克勞，開創了獨特的論述分析法，被一些政治學者推崇稱為「艾塞克斯論述分析學派」。他在一九八五年與比利時政治理論家尚塔爾・墨菲（Chantal Mouffe，1943-）合撰的《領導權與社會主義的策略：走向激進民主政治》（*Hegemony and Socialist Strategy: Towards a Radical Democratic Politics*），主張民粹主義是左翼民主政治的唯一出路。

選出其管治者。

然而在日常用語中，民主一詞所指涉的卻是自由民主，而非任何其他種類的民主。有別於不冠形容詞的民主，自由民主這種政治制度除了尊重人民主權和多數決原則，亦會設立各種保護基本權利獨立機制：這些基本權利或是表達的自由、或是保護少數權益等等。若要保護基本權利，就不可能有一體適用的方法，也因此，不同的自由民主國家就會採用不同的體制。比如有些國家會使用成文憲法、亦有強勢的最高法院（例如美國），另一些國家則既無成文憲法、亦無最高法院（例如英國）[3]。雖然有各種差異，自由民主國家為求防止「多數人的暴政」，都會設置維護基本權利的機制。

這種對民主的詮釋，和美國政治學家羅伯．道爾[4]的論調甚為相似。道爾認為自由民主的體制，都包含公共論辯和政治參與這兩個互不從屬的面向：前者是闡述偏好、反對政府的自由空間，後者則為參與政治體系的權利。他相信要同時兼顧這兩個面向，背後必須要有一組所謂的制度保障，這套嚴謹的制度包括表達自由、投票權、服公職權、多元的資訊來源，諸如此類。

如今我們已弄清楚何為民主、何為自由民主，該是時候思考民粹主義對兩者之影響。簡要而言，民粹主義之本性必然是民主的，卻與自由民主這種當代主流民主制度有所矛盾。民粹主義主張「（純粹）人民的意願」不應面對任何限制，亦從根本上反對多元主義的觀點。亦因如此，民粹主義抗拒少數權益，亦與保護該等權益的「制度保障」互相對立。

在實踐上，民粹主義者往往會動用人民主權的原則，藉此批評自由民主制度那些保障基本權利的獨立機制，而司法機關和傳媒則是他們經常針對的對象。比如幾十年經常出入法院的貝魯斯柯尼，就批評法官都在維護共產黨員的利益（並嘲諷他們為「赤袍大夫」）。他曾以十足的民粹口吻表示：「政府會繼

3〔譯註〕英國於二〇〇五年通過《憲制改革法案》（*Constitutional Reform Act 2005*），隨後於二〇〇九年根據法案設立最高法院。可是該法院無權審理蘇格蘭的刑事案件，而樞密院司法委員會（Judicial Committee of the Privy Council）亦保留對部分事務的專屬裁判權。

4 羅伯・道爾（Robert A. Dahl, 1915-2014），美國耶魯大學政治學榮譽講座教授，當代政治學巨擘，一生研究民主，著作等身，其經典作品《民主及其批判》、《論民主》廣受讚譽與討論。

續運作、國會仍會推動必要的改革，以對付那些裁判官，好讓他們無法以不法手段打擊那些由公民揀選的人。」民粹主義者在掌權後，很多時亦會如眾人所料那樣改造傳媒生態：他們會把國營媒體變成政府之喉舌，亦會騷擾其餘的獨立傳媒。這種情況近年在厄瓜多、匈牙利和委內瑞拉屢見不鮮。

自由民主之實踐，就是嘗試在多數決原則和少數權益之間找出協調的平衡：這種內部張力給予民粹主義可乘之機。自由民主渴求的平衡，在現實世界近乎空中樓閣：多數決原則和少數權益，在各重大議題都會狹路相逢（試想如反歧視法）。根據民粹主義者的主張，違反多數決原則就是侵害民主，他們認為唯獨「人民」才是政治權威的終極來源，而與非由選舉產生的機構無關。究竟國家的操控者是由何人控制，此乃民粹主義者關注的根本問題。由於民粹主義對任何限制民權的非民選體制皆不予信任，這很容易發展成某種民主極端主義，又或者說是非自由民主。

就理論而言，民粹主義偏向壓抑公共辯論、也傾向促進政治參與。一方面，民粹主義傾向限制政治競爭的範圍，主張那些被視為邪惡的行動者，既不應參與選舉、亦不可接觸媒體。把民粹主義稱為「迫害妄想式政治」的講法雖然不盡公允，但民粹勢力的指控通常都甚為激烈、甚至會流於陰謀論。比如希臘激進左翼聯盟的政客把國內反對者稱為德國的「第五縱隊」，他們有位官員甚至指斥歐盟為「恐怖分子」。而美國亦有些國民沈迷陰謀論，右翼民粹主義者甚至指責民主共和兩黨的菁英密謀建設「新世界政府」，要使美國淪為聯合國的附庸。

另一方面，民粹主義又鼓勵政治參與：那些感到自己的訴求遭政治建制忽略的社會群體，會受到民粹主義激勵而得以動員。民粹主義的核心信條認為人民就是主權者，是以政治乃所有人民之事，也唯獨是人民之事。值得一提的是，像歐洲極右派那樣的民粹主義會排除少數族群參政權，但這些族群被排除在本國人民之外，而非純粹的人。也就是說，少數族群被某類民粹主義者排拒是因為排外主義的緣故，而非民粹主義自身的問題[5]。

5〔譯註〕問題的根源，在於部分民粹主義搭配的宿主意識形態，而非民粹主義本身。

表一　民粹主義對自由民主的正負影響

正面影響	負面影響
民粹主義能為那些感到被政治菁英忽略的群體發聲。	民粹主義能透過多數決原則的論述和行動侵犯少數權益。
民粹主義能動員被排拒的社會界別，幫助他們融入政治體系。	民粹主義能透過人民主權的論述和行動，侵蝕專責維護基本權利的體制。
民粹主義能促成邊緣群體偏好的政策，令政治體系能靈敏地回應民意。	民粹主義提升新的政治分化，令穩定的政治聯盟更難形成。
民粹主義通過設立議題、制定政策，改進政治領域、促成民主問責。	民粹主義使政治道德化，如此推動協議的努力都會舉步維艱。

總括而言，民粹主義對自由民主而言亦友亦敵。透過為感到被菁英忽視的支持者發聲，民粹主義能得以匡正民主政治。為此民粹主義者會把那些未被菁英探討、卻為「沈默的大多數」所重視的議題政治化。事實上，若不是因為極右民粹政黨出現的緣故，移民政策並不會於一九九〇年代成為歐洲主流政黨關注的議題。當代拉丁美洲邊緣群體的經濟政治融合政策，亦出現過同樣的情況。委內瑞拉的查維茲和玻利維亞的莫拉萊斯，在近十年都

成功透過政治炒作，把國內的貧富懸殊轉化為其中一個舉足輕重的政治議題。

但民粹主義同時亦對自由民主構成損害。民粹勢力宣稱任何體制都無權局限多數意見，這樣最終卻會侵蝕專責維護基本權利的體制，甚至演變成對少數群體的攻擊。事實上，這正是極右民粹政黨對歐洲自由民主的最大威脅。他們為求建立讓單一族群控制國家的族裔民主，就削減各少數族裔和宗教群體的權益：被針對的包括在西歐的穆斯林、以及在東歐的羅姆人（吉卜賽人）。

在當代拉丁美洲，左翼民粹勢力則通過修訂憲法，嚴重削弱反對派與執政者爭奪政權的能力。比如厄瓜多柯利亞總統的憲政改革，一方面容許親信掌管如選舉裁判所和司法機關之類主要的國家機構，另一方面亦制訂出對自己有利的選區畫界和選舉規則。而同樣的情況，近年亦在匈牙利出現。

民粹主義與（去）民主化

民粹主義對穩固的自由民主體系之影響，一直都是熱議的焦點，然而民粹勢力影響其他類型的政體，使其變得更民主或更不民主的過程，卻鮮有論者提及。究竟民粹主義對（有競爭）的威權政體會產生甚麼作用？對邁向民主的轉型又會造成甚麼影響？這些都是我們不得不注視的盲點。

民主政治從未臻於完美，它往往可以敗績失據、亦每每可能與時並進。亦因如此，我們不應只注目於（自由）民主的政制，而忽略民主化（及去民主化）的過程同樣事關重大。雖然民主化進程並無真正的「範式」可言，我們仍然可以觀察到當中各種不同的階段，從而判別社會大勢是走向民主化、還是步向非民主化。這些階段都牽涉政體類別的轉型，而民粹主義在不同的階段、亦會造成不同的果效。在此我們從當今世界最常見的四種政體開始細說從頭。

我們可以在威權和民主兩大陣營中，各自分辨出兩種不同的政體。威權的政體，可以是絕對威權、也可以是有競爭的威權；民主的政體，可以是有選舉的民主、也可以是自由民主。在絕對的威權政治下，既欠缺反對政治的空間、亦充斥著系統性的壓迫，而有競爭的威權政治卻容許有限度的競爭：縱使其政治遊戲規則，必然偏袒當權派、不利反對派。有競爭的威權政體，既容忍反對

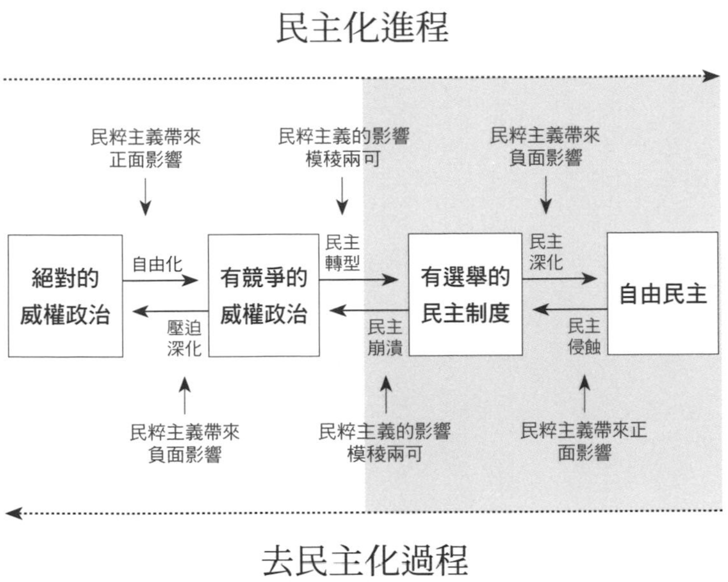

民粹主義對各種政體，皆有其正反兩面的影響。民粹勢力在現實上能引發導致政體變更的事件，從而使社會邁向民主化、或是步向非民主化。

派之存在、亦會舉辦選舉，只是選舉制度卻是為協助執政者連任而設計。

而有選舉的民主政體，則會定期舉辦反對派有機會勝選的選舉。即或如此，這種民主政體仍然會有一定的缺陷：其法治不彰，而保護基本權利的獨立機制亦殘缺不全。雖然自由民主政體亦未能臻於至善、也無法免於問責制的缺失，但其機制卻始終比（僅）有選舉的民主政體完善，從生機勃發的公共領域到獨立自主的司法機關，這些林林總總的制衡都能協助被管治者向政權究責。

這四種政體皆有自身的政治動能，而在轉型完成後，每種政體都能維持相對的穩定。亦因如此，不論是邁向（更好的）民主、還是退到（更壞的）威權，兩者都不必然是大勢所趨。不管怎樣，民粹勢力的興起還是能引發各種政體的內部演變。我們將以理論解釋民粹主義對各轉型階段的影響，並會列舉案例加以說明。

民粹主義的影響可見諸民主化進程的三個階段：自由化、民主轉型與民主深化。在自由化的階段，威權政體會放鬆管制、並局部開放個人及團體之權利。大體而言，民粹主義於此階段乃推動民主的正面力量。民粹主義能把其政治主張，整合成捍衛人民主權、彰顯多數民意這兩大訴求，以質問國家現行的武斷政治。此後反對派的領袖就可以運用這個由民粹主義塑造的「宏大框架」，動員（所有）反對政權的人。民粹主義曾於共產東歐一些廣泛的反對運動發揮過作用，而波蘭的團結工聯則是最佳的例子。

團結工聯這個傘型反共團體，是由一群背景迥異、組織鬆散的行動者組成：這些成員雖然都視共產體系為當下的大麻煩，卻對後共產的前路眾說紛紜。雖然團結工聯本身並非民粹主義運動，民粹主義卻在當中一些領袖和支持者那裡獲得迴響，這種民粹情懷，在團結工聯偶像級領袖萊赫・華勒沙發起的大規模示威中尤其明顯。歸根究柢，團結工聯同時採用族裔（國族主義）和道德（民粹主義）的語言，代表「人民」與波蘭統一工人黨的「菁英」對抗。如此，在共產政權垮台後，團結工聯的首要領袖們紛紛成立民粹政黨就毫不令人意外。當中最重要的，乃是由列赫和雅羅斯瓦夫這對卡臣斯基家的孿生兄弟[6]

6 列赫・卡臣斯基（Lech Kaczyńsky, 1949-2010）與雅羅斯瓦夫・卡臣斯基（Jarosław Kaczyński,

創立的右翼民粹政黨法律與公正黨（PiS）。

他們被視為民族主義者，敵視歐盟政策，強硬批評波蘭的政治腐敗問題。二〇〇二年列赫擔任華沙市長，二〇〇五年當選總統並任命弟弟擔任總理（二〇〇六—〇七年），二〇一〇年死於墜機意外，意圖繼位的弟弟卻於選舉中落敗。PiS在二〇一五年反彈，雅羅斯瓦夫仍為該黨戰略家，二〇一九年的選舉中，PiS仍主導了下議院，二〇二〇年加入內閣擔任副總理。

在民主轉型的過程，有競爭的（或絕對的）威權政治會轉化成有選舉的民主政治，民粹主義在此階段模稜兩可的角色，仍然有利於民主政治之建設：畢竟民粹主義對宣揚「人民理當選擇領袖」的理念不無助力。由於民粹勢力主張政治應不計代價地尊崇人民主權，他們會批判當權的菁英，並推動能確保參政渠道的變革，這意味著他們都會支持實行自由而公正的選舉。墨西哥的夸特莫克・卡德納斯[7]在一九八〇年代末創辦民主革命黨，乃當中一個有趣的案例。

當年民主革命黨其實是從革命制度黨分裂出來。革命制度黨自一九二九年起持續執政，縱使曾經換過名字、亦有著民主的外觀，實際上卻以有競爭的威權體制統治國家。當卡德納斯等人發現他們無法在黨內抵抗新自由主義的經濟政策後，就決定在黨外另起爐灶，一方面反對新自由主義，另一方面也要求全面落實自由公正的選舉。民主革命黨自始就採用民粹語言，把他們的領袖——起初是卡德納斯，後來是羅培茲．歐布拉多（暱稱AMLO）[8]——包裝成「人民

1949-），雙胞胎兄弟以童星身分出名，在華沙大學接受教育，也都獲得法律學位，一九七〇年代就積極參與反共運動，列赫曾被短暫監禁。一九八〇年代初，他們開始活躍於華勒沙的團結工聯，且贏得了波蘭議會下議院的選舉，並擔任多項政府任命。二〇〇一年共同創立法律與公正黨（PiS），先由列赫、二〇〇三年後由雅羅斯瓦夫領導。

7 夸特莫克．卡德納斯（Cuauhtémoc Cárdenas, 1934-），父親為一九三四—四〇年任職總統的拉薩羅．卡德納斯將軍（Lázaro Cárdenas），在工程領域工作近二十年後參政當選參議員，一九八〇年創黨，繼而擔任米卻肯州（Michoacán）州長；在墨西哥城首次市長選舉中獲勝（一九九七—九九年）。曾三度競選總統失敗。二〇一四年在內部派系鬥爭中離開民主革命黨。

8 羅培茲．歐布拉多（Andrés Manuel López Obrador, 1953-），墨西哥中左翼民粹主義政治家，二〇一八年當選總統。他從長期執政的革命制度黨開啟政治生涯，一九八八年支持卡德納斯，後來並擔任民主革命黨領導人（一九九六—九九），二〇〇〇年當選墨西哥城市長，任內獲廣泛支持。二〇〇六年和二〇一二年競選總統失敗，亦於二〇一四年成立國家復興運動（Movimiento Regeneración Nacional，MORENA），以消弭貧富差距、政治貪腐以及暴力犯罪作為競選主軸，

謙卑的公僕」，宣稱他們要為所有墨西哥人爭取真民主。縱然民主革命黨本身未曾贏得總統大選，他們促成的歷史協議，卻造就二〇〇〇年的「開基大選」：這場選舉最終讓保守派「國家行動黨」的候選人當選總統。

到了民主深化的階段，體制改革使專責保障基本權利的體制得以確立，令政權全面轉化為自由民主。民粹主義對民主的詮釋，主張彰顯不受限制的民意、又反對設立非民選的架構，因此自然會與民主深化的過程格格不入。反過來那些非民選的自由民主體制，又會把民粹主義描述為假「真正」人民利益之名、行維護少數「特權」之實的不法體制。

曾三度出任斯洛伐克總理的梅恰爾，其事蹟正好說明民粹主義會怎樣反對民主深化，他於一九九四至一九九八年間第三次任期為絕佳例子：當時的政府乃是由三個民粹政黨聯合執政。梅恰爾於一九九四年上台時，斯洛伐克是後共產的中、東歐第一批申請加入歐盟的新興民主國。然而梅恰爾政府卻妄顧法律，甚至為剋制反對黨試圖立法重劃選區，使這個國家淪為民主末段班。歐盟甚至威脅要把斯洛伐克從首批東擴名單中剔除。

過往幾十年的發展提醒我們，民主不一定會深化，它也會遭稀釋淡化、甚至會被廢除。民粹主義亦能於這個過程扮演重要角色，這種去民主化的過程，可以分為三個階段：民主侵蝕、民主崩潰和壓迫深化。在民主侵蝕的階段，那些專責保障基本權利的體制逐漸受到損害，比如削弱司法獨立、捨棄法治、剝奪少數權益等等。民粹領袖及其支持者之所以會引發民主侵蝕，歸根究柢是因為他們主張絕對的多數民主，促使他們攻擊任何妨礙實踐「人民公共意志」的團體或體制。匈牙利的當代處境，乃說明民粹主義如何造成民主侵蝕最貼切的案例。

在二〇〇二年大選敗北後，勉強承認失敗的奧班聯同其右翼民粹政黨匈牙利公民聯盟改採激進反對路線，甚至發起暴力的街頭抗爭。他在二〇一〇年重新執政，藉由其政黨與盟友取得國會多數議席，逕自強推新憲法，就如一些學界觀察家所言：「現時政府的權力缺乏制衡，新憲政秩序卻容許執政黨委派親

最終在二〇一八年總統大選中大獲全勝，任內政績多有爭議。

信長期擔當要職，讓他們對來屆政府的決策具有否決權。」雖然各國政府及國際組織皆不欲嚴厲批評奧班，但歐盟和美國對匈牙利「鎮壓」民主的舉動，都已表達其與日俱增的憂慮。

民主崩潰則為去民主化的第二個階段，這段期間選舉民主政體會墮落為有競爭的威權政體（在極端的案例，甚至會淪為絕對威權），與事的民粹行動者多會以曖昧姿態玉成其事：因為他們偏好扭曲遊戲規則，或是為了協助民粹勢力、或是為了打擊那些妨礙人民實踐公共意志的「腐敗菁英」。秘魯的藤森政權正好能說明這一點。

藤森謙也於一九九〇年以民粹局外人的姿態取得政權，他攻擊政治建制的競選政綱，主張以循序漸進的手段挽救國家的經濟危機。藤森既無強勢政黨的支持、亦無興趣與既存政黨組建聯盟，造成國家行政立法關係的死結。為突破困局，藤森於一九九二年以順從「人民意志」的名義，中止憲法並關閉議會。經過這場由執政者推動的政變，藤森得以延續執政達八年，期間秘魯的政體顯然實行有競爭的威權政治，稱不上是有選舉的民主政體。藤森甚至與軍方勢力結盟——他與瓦拉迪米羅．蒙特西諾斯[9]及其情報機關的關係尤其密切，這不只是為了摧毀光明之路的游擊運動，也是營造不利反對派的政治生態。

去民主化的最終階段乃壓迫深化。這個從有競爭的威權政治淪落到絕對威權的過程，往往伴隨危機而逐步展開。由於民粹主義必然主張人民主權及多數決原則，我們可以相信民粹主義者都會反抗壓迫深化的過程。在近年壓迫深化的案例中，由民粹行動者擔當要角的個案可謂絕無僅有。

白俄羅斯的亞歷山大．盧卡申科[10]也許是少有的例外。雖然他面臨有增無

9 瓦拉迪米羅．蒙特西諾斯（Vladimiro Montesinos, 1945-），早年從軍，不甚光彩的退役後，擔任律師，因代表哥倫比亞和秘魯的非法毒品交易成員以及被指控參與販毒的警察而惡名昭彰。藤森上台後，他長期擔任秘魯國家情報局負責人，涉嫌非法竊聽主要政客和記者，並賄賂電視高層而獲得對媒體的控制。藤森倒台後因多項犯罪受審入監服刑。

10 亞歷山大．盧卡申科（Aleksandr Lukashenka, 1954-），一九九〇年當選為白俄羅斯蘇維埃社會主義共和國議會議員，一九九一年八月獨立後仍與保守共產黨派系及俄羅斯類似團體密切連繫。一九九四年當選白俄羅斯總統，與葉爾欽簽訂多項協議，促進與俄羅斯的關係。一九九六年新憲法賦予他廣泛的額外權力，展開近三十年的專制統治。

己的反對聲音，也擁有把競爭威權轉化為絕對威權的機會，但他沒有這麼做。之所以會這樣，主要是因為他的民粹政綱一直主張有競爭的威權：他要憑藉（日益不公的）選舉獲得支持，而不是像其他前蘇聯加盟共和國那樣施行絕對威權的「家族政治」。他想透過民粹的加持，從而肯定其競爭威權政體：為此他把反對派抹黑為勾結（西方）外國勢力的「腐敗菁英」。盧卡申科要成為他宣稱的「純粹白俄羅斯人」的真正代表，就必須在公開的選戰中擊敗對手，縱然這並非真正有競爭的選舉[11]。

中介變項

前述的理論框架，主要是在民主化及去民主化過程的六個階段中，辨別民粹主義帶來的各種不同影響。然而在每一個不同的階段，民粹主義的性質、以及其效應之強弱亦大異其趣，牽涉其中的至少有三個中介變項：民粹主義者的政治權力、民粹行動者身處的政治系統、以及國際上的處境。

當中最重要的因素，則首推民粹行動者的政治權力。民粹勢力在朝還是在野，不只左右其實力之強弱，也會使他們以不同的方式影響民主化進程。簡要而言，在野的民粹主義者多會爭取更大的政治透明度，不論是在（競爭）威權還是（有選舉的）民主的處境，他們都寄望能透過落實更多的民主（比如要設立選舉、舉辦公投、或是推行罷免案），藉此擺脫菁英對政治的操控。

掌權的民粹主義者會否推行直接民主、以及尊重競逐公職的規矩，則是個比較複雜的問題。雖然民粹主義者多亟力主張多數決原則，卻只有少數人會持之以恆地動用公投機制。曾多次舉辦公投的查維茲乃當中最顯著的例子。他曾成功推翻對其總統任期的限制，並贏得確保他能二次連任的選戰。他亦嘗試以公投推動修憲，卻失敗收場。民粹政客亦會運用權力，營造對自己有利的遊戲規則，就如柯利亞和奧班的憲政改革那樣。

11〔譯註〕也就是說，雖然白俄羅斯的政局與絕對威權只差一線，但由於民粹主義乃政權合法性的來源，盧卡申科不得不維持選舉制度的門面。

另一個重要的因素則是政治系統的種類。和其他政治行動者一樣，通過民主制度上台的民粹主義者，或多或少都受制於政治體制固有的特徵。雖然民粹局外人較容易在總統制國家奪得政權，但隨後要在各制度層面推動其議程時，卻經常孤立無援——特別是當他們缺乏堅實政黨組織的支持時，這問題會變得特別困難。相形之下，議會制國家則傾向約制民粹執政者的權力，這是因為聯合政府在這種體制頗為常見，而民粹政黨往往也必須與較強勢的非民粹對手聯合執政，就像奧地利自由黨的例子。不過民粹行動者只要能取得議會多數支持，就再沒有什麼制衡力量能限制他們：就如在匈牙利的案例，由於奧班能長期得到國會多數支持，其修憲案得以在毫無障礙的情況下獲得通過。

最後，國際處境亦擔綱重要的角色。若某國能融入到歐盟這種由自由民主國家組成的強勢網絡，其民粹行動者在侵蝕國家重要的自由民主機制時，將較難避開國際社會的強烈反彈（但卻非絕無可能，就如匈牙利的奧班）。為求應付這種情況，近年在拉丁美洲諸國的左翼民粹政府，都在嘗試推動建設南美洲國家聯盟這類新區域組織，藉此捍衛有自身特色的民主模式。南美洲國家聯盟甚至建立專屬的選舉觀察制度，藉此與美洲的洲際組織，也就是有美國和加拿大參與的美洲國家組織抗衡。

民粹主義和民主政治再思考

民粹主義和民主政治的關係極其複雜，理論亦然、實踐亦然。一言以蔽之，民粹非民主之敵，可是民粹主義與自由民主卻矛盾不斷。民粹作為一組理念，既捍衛絕對的多數決原則，又主張非自由的民主。民粹主義高舉人民主權，奉多數決為金科玉律，卻反對少數權益和多元主義。即或如此，民粹主義和自由民主之間，卻不是非黑即白。在世界各地，民粹勢力都在為邊緣群體發聲、要為他們賦予權力。不過，他們亦會與各種異議勢力奮戰，也會扭曲政治競爭的遊戲規則。

民粹主義實在深知當代自由民主之內在張力，並將以為己所用：他們批評既有民主體制成效不彰，並為此推行改革民主程序的政治運動。當自由民主體制無法回應部分選民的渴求，有企圖心的政客就能夠利用民粹理念乘勢而起，一方面批判建制、一方面高呼振興人民主權的時機已經成熟。民粹主義者傾向主張，法治以及保障基本權利的機制（例如選舉裁判所、憲法法庭、高等法院等）既阻礙人民實踐應有的權力、亦令民間對政治體系怨聲載道。

民粹主義在民主化進程的不同階段，並不都發揮著相同的作用。以事論事，我們認為民粹主義是推動選舉民主或初步民主的助力，卻也是全面發展自由民主政制的阻力。亦因如此，民粹主義既會推動威權國家步向民主，卻也容易損耗自由民主的質素。民粹主義主張人民主權，同時亦傾向反對任何對多數決原則的限制，比如是司法獨立和少數權益之類。有些民粹當權者會開展去民主化的過程（比如匈牙利的奧班以及委內瑞拉的查維茲），甚至釀成民主體制的崩潰（比如秘魯的藤森）。

在民主體系變得穩定後，民粹主義者仍會持續挑戰任何對多數決原則的限制。他們若果能累積一定的實力，則有可能造成民主侵蝕的局面。即或如此，他們勢必會面對強大的阻力，來自四面八方的行動者會起來反抗，現行制度亦會保護那些專責基本權利的獨立機關。在這種情況下，民粹主義不太可能會令民主體制步向崩潰。這或多或少是部分歐洲國家的當代體驗，民粹勢力在當地的選戰舉足輕重（例如在希臘和匈牙利），卻無法掌握能全盤推翻國家制度設計的絕對權力。

第六章　成因與回應

雖然各界對民粹主義眾說紛紜，有關民粹勢力成敗之理論卻出奇地稀缺。對於民粹主義者的成就，大部分現存解釋都歸功於富有魅力的領袖，領袖既有魅力，就能吸引對現狀不滿、或是被主流政黨忽略的選民。可是這種詮釋卻有兩個致命傷：首先，不是所有成功的民粹行動者都可被歸類為魅力型領袖；此外，即使在沒有民粹領袖出現的社會，亦會出現黑白分明的道德化民粹理論。不管我們喜歡與否，為數不少的公民就是會以民粹角度評斷政治現實。

要解釋民粹行動者的成敗，我們不得不兼顧民粹政治的需求面和供給面。理念分析法的一個好處，就是能同時在菁英和大眾的層面分析民粹主義。民粹主義在渴求民粹的社會固然容易成功，但前提是必須先有具說服力的民粹勢力。反過來說，若社會對民粹缺乏需求，民粹主義供給再強仍不免功敗垂成。除此以外，我們亦必須考慮社會經濟及社會政治因素對民粹供需的影響，方能瞭解民粹主義何以能夠興起。

在討論左右民粹主義成敗的因素後，我們將會面對另一個重要卻難解的問題：該當如何應對民粹主義？要回答這個問題，我們將會因應民粹政治的需求面和供給面，設想各種不同的民主應對方式。在本書的末段我們會提出一些建議，一方面加強民粹主義正面的潛力、一方面化解其對（自由）民主的負面影響。

解釋民粹主義之成敗

在開始討論之先，我們必須先簡要地釐清何為成敗。雖然政治行動者的成就通常可以靠選票衡量（選舉能量），但我們至少還有另外兩種判斷成敗的指標：分別是把議題放進公共議程的能力（議題設定）、以及形塑公共政策的能力（政策影響）。我們若要思量民粹行動者之成敗，這些不同的指標皆極其重要。畢竟在世上不少地方，民粹主義者只能取得有限的選票，卻仍能在議題設定和政策影響上發揮不容忽視的作用。丹麥人民黨和法國國民陣線這類極右民粹政黨的經驗，正好能夠說明這一點。雖然這類政黨「只能」於全國選擇取得一至兩成選票，卻能有效地把移民及多元文化等議題擺進公共討論的焦點，甚至迫使主流政黨採取更嚴厲的難民及移民政策。

不論民粹行動者要取得那一種政治成就，他們都必須先把運動菁英與大眾結合在一起。亦因如此，任何能說明民粹主義成敗的理論，都得要同時考慮需求面及供應面。前者所指涉的，乃是使民粹情懷興盛、令民粹理念突出的社會結構偶發演變，而後者則是有利民粹勢力在政治場域演示的因素。

民粹政治的需求面

政治人物若要取得成就，其政治訊息必須先有受眾。民粹行動者大多會將其民粹主義與所謂的宿主意識形態結合，比如是某種國族主義和社會主義。雖然民粹主義被視為這些行動者的成功要素，不少選舉研究卻將焦點放於其次要特徵，比如西歐的排外主義、或是拉丁美洲行動者對弱勢群體在社會經濟上的支持。會如此的部分原因，是由於與大眾相關的研究數據匱乏。探討民粹情懷的實證研究，至今仍未臻成熟，但民粹態度於各國皆頗為普遍，乃是已知的事實：在民粹政黨興盛（如荷蘭）、或民粹社會運動盛行的國家（如美國）如是，在未有重要民粹行動者的國家（如智利）也如是。

在世界各地，都有為數不少的人認同民粹理念的某些面向。最明顯的，他們認為（政治）建制盡皆自私詭詐，既會做見不得光的閉門交易、又對主流民意置若罔聞。亦有不少人相信重要議題理當交由「人民」決定，而不應將主權讓渡予職業政客。不過這種民粹態度只是一種潛能，往往被埋藏心底隱而不發，非要待時機成熟才會展現出來。就如研究民粹主義的美國學者寇克．霍金斯[1]所言：「我們心中都住了個烏戈．查維斯或莎拉．裴琳。問題是怎樣會喚醒他？」

民粹潛能之醒覺，取決於社會經濟和社會政治的處境。對民粹的渴求，則會於某些特別情境展現。當眾人都感到社會危在旦夕，這種危機感就會使民粹意識一發不可收拾。亦因如此，比如經濟顯著下滑、或是令人更義憤填膺的結構弊案等，重大政策的失敗都會激發人民的民粹情懷。舉例來說，如果沒有金球全融危機和主流政黨的腐敗行為，我們很難理解何以西班牙我們能夠黨和希臘激進左翼聯盟能深孚人望。倘若在一九九〇年代義大利未曾發生所謂的「賄賂之都」[2]醜聞，貝魯斯柯尼的崛起只會令人百思莫解。

---

1 寇克．霍金斯（Kirk Hawkins），楊百翰大學政治學系的副教授，著有 *Venezuela's Chavismo and Populism in Comparative Perspective*（Cambridge University Press, 2010），並負責「民粹主義團隊」——一個研究民粹主義原因和後果的全球學術網絡的專案，包括全球民粹主義數據、民粹主義修辭機制研究以及減輕民粹主義對社會的兩極分化後果。

2 「賄賂之都」(Tangentopoli)：Tangentopoli 一詞來自 tangente，為義大利語中的「回扣」或「賄賂」之意，poli 則來自古希臘詞 polis，意為「城市」，通常英譯為"Bribesville"。這個詞為義大利媒體創造出用來描述一九九二年爆發的黑手黨與執政黨及金融高層之間的醜聞，牽連甚廣：超過四百位國會議員因涉及黑手黨賄賂而遭到調查，並且有一百六十位遭到起訴，最後還導致天主教弊案之發生正好說明，不論是群體還是個人，「菁英」都是瞞神弄鬼的騙徒。人民對政治現狀怨聲載道，就容易以民粹主義的目光觀察政情。結構弊案在那些「國不成國」的國家尤其嚴重：這些國家的體制軟弱無力，無法干預既存的資源分配、社會活動與人際連繫。虛弱的國家體制難以向國民徵稅（資源分配）、無力控制不法組織（社會活動）、也未能左右既存世襲勢力（人際連繫）。民主政體之國家力量若是弱不禁風，就會釀成結構腐敗：如此或會使民粹政治變成常態（如厄瓜多和希臘），或是造成民粹與非民粹勢力的持續紛爭（如阿根廷和斯洛伐克）。值得留意的是，民粹主義者在掌權後未必能增強國家效能、亦不一定有從根源解決國家失能的才能。

認為政治制度對民意反應遲鈍的普遍想法，亦是激發民粹情懷的主要因素。當國民覺得政黨和政府都對其訴求視若無睹，就可能使民粹主義變得活躍，至少在那些感到被建制拋棄的選區會是這樣。只要選民覺得自己遭建制政客離棄，就會傾向以民粹角度詮釋政局：「菁英只顧自私自利，對（真正）人民的關切漠不關心。」歐洲極右民粹政黨的支持者，毫不意外多來自「本地」

的工人階級：他們覺得社會民主政黨已不再為本土基層發聲，反倒走去擁抱經濟全球化、歐洲一體化和多元文化主義。

就如愛爾蘭政治學家彼得・梅爾[3]所言，菁英與人民之間的鴻溝之所以會愈拉愈闊，主要是因為主流政黨身兼民意代表和盡責理事，但這兩種角色間的張力卻與日俱增。國民對其代議士有所期望，但代議士本身卻有別的責任。這情況在當代歐洲尤其明顯：歐盟的存在壓縮各成員國政府遊刃的空間，甚至迫使它們實行自己曾公開反對的政策[4]。

民主黨在一九九四年的國會選舉中挫敗，畫下戰後五十年執政的休止符。

3 彼得・梅爾（Peter Mair, 1951-2011），愛爾蘭政治學家，任教於荷蘭萊登大學，一九九四年成為比較政治學教授，二〇〇一年擔任*West European Politics*期刊主編，二〇〇五年回佛羅倫斯歐洲大學學院，投身研究民主、冷漠和民粹主義政黨。

4〔譯註〕也就是說，全球化和區域整合這類跨國界的力量，已經侵害到國族國家的主權。這一方面削弱國族國家的國家效能、另一方面又使其無法再盡心盡意向國民負責，這些損害最終帶來令民怨沸騰的民主赤字。感到被背叛的人民認為民主政治不再以民為主，乃民粹浪潮湧現的一個重要原因。

比方說西班牙和希臘的社會民主政權，在羅德里格茲・薩巴德洛[5]（任期二〇〇四至二〇一一年）和喬治・巴本德里歐[6]（任期二〇〇九至二〇一一年）執政期間都屈從國際市場和歐盟的壓力，「盡忠職守」地推行緊縮改革，選民亦因此認為這些社會民主政權背信棄義，無法再代表其原有支持者。隨此而來的民粹心態，先是觸發諸如憤怒者運動這樣的社會運動，繼而造就我們能夠黨和激進左翼聯盟這類左翼民粹政黨。雖然這是至為極端的案例，但是歐盟各國主流政黨要在問責和盡責之間取得平衡，的確日益困難。倘若這些主流政黨能妥善回應此等挑戰，包括就國家的困局向選民開誠布公，則可減低民粹主義興起的可能。

類似的情況亦已在拉丁美洲出現。當地各國政府因國際市場的壓力、以及國際貨幣基金組織和世界銀行這類國際金融機構的規範，其政策選項嚴重受限。委內瑞拉是個極端案例，其社會經濟和社會政治處境最終帶來一場「完美風暴」，使查維茲能乘勢而起。隨著油價在上個世紀最後二十年持續低迷，委內瑞拉資金匱乏、債台高築，而國內兩大政黨又與各恩庇侍從網絡勾結合謀。

中間偏左的總統裴瑞茲[7]此時卻推行緊縮改革，以致社會動亂頻生，年輕的查維茲中校趁機發動流產政變。後來裴瑞茲因為涉及弊案，遭高等法院褫奪總統

---

5 羅德里格茲·薩巴德洛（José Luis Rodríguez Zapatero, 1960-），一九七九年加入西班牙工人社會黨（Partido Socialista Obrero Español，PSOE），一九八六年當選為國民議會議員，二〇〇〇年成為黨的祕書長。二〇〇四年三月PSOE在選舉中意外獲勝，薩巴特羅就任總理，兌現伊拉克撤兵的競選承諾，亦支持社會改革，包括同性婚姻合法化。二〇〇八年大選再次獲勝，但未能獲得絕對多數席位，爾後隨著西班牙財政惡化，於二〇一一年下台。

6 喬治·巴本德里歐（Georgios Papandreou, 1952-），他的祖父Georgios和父親Andreas都曾擔任過希臘總理。一九七四年，他在父親創建的泛希臘社會主義運動中工作，一九八一年當選國會議員；之後擔任多個部長職務，政績包括成功申辦二〇〇四的雅典奧運。二〇〇六年當選社會黨國際主席。二〇〇九年起任希臘總理，為挽救經濟推出緊縮措施，並向歐盟與國際貨幣基金組織尋求協助，隨後的預算刪減和增稅爆發抗議，最終於二〇一一年十一月被迫辭職。

7 裴瑞茲（Carlos Andrés Pérez, 1922-2010），委內瑞拉政治家，兩度擔任委內瑞拉總統（一九七四—一七九年、一九八九—九三年）。為民主行動黨（Democratic Action）成員，第一任總統任期間，委內瑞拉將石油工業國有化，並保留外國技術和管理人員以確保高效運營，與美國保持友好的同時，也與與古巴重建外交關係。第二次任期則推動自由市場經濟改革，一九九三年於查維茲領導的軍事政變中被免職，翌年被控貪汙和濫用公共資金而入獄，一九九六年獲釋，一九九八年當選參議員。在查維茲起草新憲法後離開委內瑞拉。

之位，整個政治建制的聲望亦如江河日下。查維茲刑滿出獄後，迅即把握這股民怨，提倡貶菁英、頌人民的民粹論述。他於一九九八年的總統大選取得五十六%的選票，委內瑞拉固有的兩黨制隨即土崩瓦解，而拉丁美洲亦迎來第三波的民粹浪潮。

在分析民粹主義如何興起時，值得指出的是，了解當代社會各種長遠而微妙的演變，既可促成民粹理念的傳播、亦可促成民粹情懷的覺醒。美國政治學家羅納德．英格爾哈特[8]曾指出，西方民主國家經歷過戰後的社會轉型，使其國民展開「認知動員」的過程：與前代人相比，他們較有見識、較為獨立、也較多自覺。這些不受拘束的新生代公民，拒絕接受菁英固有的自然優勢，亦對菁英的劣行強烈批判。在資訊流動的新環境中，這些自由奔放的新公民，對菁英之不法行徑亦更加敏感。

當中最重要的是，各類傳統媒體皆愈來愈不受政治菁英操控。起初不少國家的報章都與主要的政黨和組織有所連繫，甚至是個別政團的黨產和喉舌，而電台和電視台即使不是國有，亦受國家管制：即使它們不偏好執政黨，至少也會偏好主流政黨（包括主流反對黨）。不過在今時今日，大部分報章大體上獨立於政黨以外，而國營電台及電視台的受眾則多轉投民營的競爭者[9]。而前述所有媒體，都要與有如雨後春筍的網路媒體一較高下。市場的競爭如此激烈，促使各傳媒機構迴避嚴肅的政治議題，反倒專注受眾喜歡話題，比如是民粹主義者經常引用的犯罪案和弊案。這樣的新傳媒生態雖然未必導致政治文化走向民粹，卻肯定有助各種民粹訊息的傳播。

認知動員的過程在發展中國家窒礙重重，其影響往往會局限於城市的中產階級。即或如此，舊有的體制和價值在世界各地皆如明日黃花。社交媒體亦在發展中國家蔚然成風，其立場或是民主、或是威權。此等林林總總的轉變，可見於伊朗的綠色革命、以至波及整個中東的阿拉伯之春，這兩場社會運動成為

8 羅納德．英格爾哈特（Ronald Inglehart, 1934-2021），美國著名的政治學家，密西根大學政治學講座教授，美國藝術與科學院院士、美國社會和政治科學院院士，也曾擔任美國國務院和歐盟的顧問。主要研究領域有比較政治，政治發展，政治哲學等。

9〔譯註〕這主要是民主國家的情況。

有力的範例：城市中產階級透過運用社交媒體得以充權，並藉此動員抗爭。倘若對民主的渴望能夠與反體制的情感連結，就會激起（原始的）民粹情懷：這過程在那些長期遭受歧視的大型社會群體尤其明顯。

民粹政治的供給面

大部分的民粹風潮，都會隨著民粹領袖或民粹政黨的腳步而高低起伏。能掌握運用無形無相的反體制情懷，並提出一套風靡萬民的「常識」解答，這些都是民粹行動者的能耐。成功的民粹主義者，都擅於把社會上形形色色的怨懟之情，串連成「吾等良民」抵抗「汝等腐敗菁英」的民粹論述。他們將其民粹理念與某些宿主意識形態連結在一起，藉此應對民怨關鍵之處。比如說當代西歐的極右民粹政黨，就揉合排外主義和民粹主義，指斥腐敗的（本地）菁英偏袒（外來）移民、又把（本地）人民邊緣化。而南美洲的左翼民粹主義者，則指斥腐敗菁英掠奪國家的自然資源，從而罔顧貧窮人民的權益。

民粹行動者亦能超越既有的社會經濟和社會政治處境，嘗試把未被建制（充分）關注的議題政治化。當主流政黨的立場趨近類同，其形式主義的政綱亦變得大同小異，民粹勢力就更能指責「他們」都是沆瀣一氣。國民陣線是歐洲首個成功提出這種論述的政權，他們將法國四大主流政黨貶斥為「四人幫」，譴責它們透過祕密協議「沒收民主」。後來法國主流政黨整合成「人民運動聯盟（UMP）」和「社會黨（PS）」兩大黨，國民陣線又把兩黨的簡寫結合起來，嘲諷它們是「UMPS」集團。義大利「五星運動」的領袖葛里洛曾為喜劇演員，他將中間偏左政黨「民主黨（PD）」戲稱為「PD欠L（PdminusL）」，藉此諷刺該黨與中間偏右的「自由人民黨（PdL）」別無二致。

主流政黨對於其意識形態日益雷同，當然有自己的說法。他們意識到選民會關注某種議題，就會選擇將其政治化。如此他們一方面對既有的競爭者提出挑戰，另一方面又壓縮新興勢力的存活空間，這自然也包含了民粹勢力。也就是說，主流政黨不論是積極作為、還是敷衍消極，兩種做法同樣能左右民粹勢力之成敗。就此我們可比較極右民粹政黨在奧地利和西班牙的不同表現。

西班牙是西歐少數沒有顯著極右民粹政黨的國家之一。除了因為該國地區政黨勢力龐大，其選舉制度也異乎外國，不過主流右翼政黨人民黨亦扮演重要的角色：該黨積極應對那些極右民粹政黨可能會重視的問題，比如是天主教、法律秩序、以及事關重大的國家統一問題[10]。奧地利自由黨卻受惠於兩大黨的趨同演化：該國主流政黨傾向組織正規或非正規的執政同盟，又將歐洲整合和移民政策這類具爭議的話題，排除在公共政治議程之外。

然而民粹行動者絕對不只是其身處環境的產物。與之相反，他們倒會積極地為自己的理念創造肥沃的土壤。最重要的是，民粹行動者的危機意識猶如與生俱來。歐洲極右民粹政黨在煽情媒體無意間的暗助下，把（輕微）上升的難民數目定義為「移民危機」的徵兆，並歸咎於主流政黨的無能與腐敗。也就是說，民粹行動者能否在選戰、議題設定和政策影響這三方面取得成就，都視乎他們能否提出一套令人信服的危機敘事。除此之外，民粹主義者亦能透過營造危機感，使其訊息顯得更為迫切和重要。

在全球全融危機爆發那年，芬蘭的國民生產總值雖然顯著收縮，其失業率及國債之增幅卻相對輕微。若說當時的芬蘭選民深受經濟危機打擊，那顯然是誇大其辭。即或如此，民粹政黨「正統芬蘭人黨」還是在二〇一一年的國會大選，令人瞠目結舌地取得十九％選票。雖然當時各主要政黨都受到貪汙醜聞的打擊，但正統芬蘭黨的選戰成就，卻有賴於該黨與媒體共同營造的危機意識。他們聲言國家慷慨的福利制度，正是因為主流政黨的縱容，快要被歐盟的紓困方案與移民的「侵略」聯手扼殺，如此「無辜者」（即人民）都被迫要為「罪人」（即菁英）的愚蠢付上代價。

在開始新的章節前，我們必須再問一個常被遺忘的重要問題：政治文化如何造就民粹主義冒出的潛能？民粹行動者無法憑空創作；與此相反，社會因各種歷史傳承產生不同的政治文化，他們的出現亦取決於特定的政治文化。比如西歐的民主化進程為時數百年，其過程亦由菁英主導。王室和地主之類非民主

10〔譯註〕也就是要與加泰隆尼亞和巴斯克等地的本土主義和分離主義抗衡。

菁英，持續與自由派和社會主義者[11]這類民主菁英對抗。不論是自由派還是社會主義的菁英，大都極不信任「平凡人民」，因而他們只會循序漸進地擴大選舉權，同時又會顯得心不甘、情不願。（婦女選舉權的確立，也經歷過同樣的過程。）後來共產主義和法西斯主義的崛起，更進一步鞏固各國民主菁英對（平凡）人民的猜疑，促使他們對政治選項的抉擇設定限制：比如說不少國家都會禁制「反民主」的政黨，好讓人民無法再次作出「錯誤的抉擇」。

美國看重普羅大眾的民主發展史，則與西歐相映成趣。該國的民主史充斥著革命的修辭，亦常見「吾等人民」這種敘述。諷刺的是，美國諸位開國元勛對後來林肯總統所講的「民有、民治、民享」極有保留。事實上他們所創立的政治制度，既過度繁複、亦運作不良。這是因為他們既反對菁英、又抗拒人民：觀乎他們如何制訂講究分立與平衡的選舉人團制度，即可得見開國元勛們的糾結和矛盾。不論如何，美國的政治文化一直以來都極為民粹，偏好強調純粹人民與菁英的對立，或者採用當代的競選語言，那就是大街與華爾街的抗衡。人民良善、菁英貪腐，這樣的觀點在美國歷史中極其常見，高雅文化中如此、庶民文化亦然。

即使沒有民粹領袖或政黨的努力，美國人還是能從主流的媒體和政客那邊接觸到民粹論述。而民粹情懷亦是美國大眾文化的核心價值：不論是湯瑪斯．潘恩於一七七六年撰寫的小冊子《常識》[12]、一九三九年由詹姆斯．史都華主演的經典電影《華府風雲》、還是約翰．里奇於二〇〇九年那首反對紓困政策的鄉村音樂《關閉底特律》，都在向美國人敍述純粹人民與腐敗菁英之間的永恆鬥爭。

考慮到歷史傳承之因素，民粹主義在西歐傳統中較為罕見，只有布熱德派那種由上而下動員的快閃政黨。不過隨著戰後「靜默革命」而來的社會變遷，

11〔譯註〕不一定是馬克思主義者。

12 湯瑪斯．潘恩（Thomas Paine, 1737-1809），出生於英格蘭的貴格會家庭，一七七四年因富蘭克林的鼓勵而移民美國，成為費城雜誌的執行編輯。潘恩最著名的小冊子《常識》於一七七六年一月十日出版，至該年底已銷售十五萬份，這本小冊在獨立戰爭中發揮了作用。獨立後他在政府部門短暫工作，一七八〇年的廢奴法案由潘恩撰寫序言。

卻使西歐文化對民粹主義敞開胸懷。各國公民在擺脫傳統政治和社會組織的桎梏後，對建制也變得更為批判，甚至可稱得上是犬儒。社會對菁英的觀感每況愈下，對人民的印象卻從負面走向正面。不少媒體在報導重要政局發展時，已捨棄（學術）專家的意見，改為問道於「街坊路人」。主流政客不時遭到自詡為民發聲的記者纏擾，迫使他們對「民之所欲」作出回應。與此同時，電視真人秀或是像《老大哥》[13]那樣以平凡人為主角、或是追捧卡戴珊家族[14]這類「低俗文化」名人的節目，大量取代了那些菁英如何在「高雅文化」下生活的節目。

應對民粹主義

雖然剛開始民粹主義者多只能於拉丁美洲取得選戰成就，過去數十年，世界各地的民粹勢力卻有增無已，並在不同的選舉場域站穩陣腳。世人日益關切此事態的發展，並就應對之良方爭論不休。這些論戰大多牽涉防衛性民主（Militant Democracy）的概念，這個概念，是由身兼政治學者的德國哲學家卡爾・魯文斯坦[15]所提出。他目睹一九三〇年代希特勒在威瑪共和國崛起後，就主張民主國家必須禁制極端政治勢力，阻止他們透過民主機制執掌政權。雖然正式將防衛性民主寫進憲法的，就只有包括戰後德國在內的少數國家，但是大部分民主國家對此或多或少都會付諸實行：在九一一恐怖襲擊和緊接而來的反恐戰爭後，民主國家也比以往更看重防衛性民主的原則。

不過若要以防衛性民主應對民粹主義，卻恐怕是畫錯重點，因為民粹主義

13《老大哥》（*Big Brother*），美國真人秀節目，由一群年齡、職業、家庭背景各異的參加者（房客）共同住在一間特殊設計的屋中，節目組與觀眾透過攝影機監看房客的舉動，猶如歐威爾《一九八四》書中的老大哥而名之。房客入住後與外界完全隔離，透過每週的比賽淘汰，最終留下獲勝的贏家。

14 卡戴珊家族（Kardashians），二〇〇七—二〇二一年的美國真人實境秀《與卡戴珊同行》（*Keeping Up with the Kardashians*），創造出高收視與媒體效應，一家人成為娛樂圈與時尚美妝產業豪門。

15 卡爾・魯文斯坦（Karl Löwenstein, 1891-1973），德國哲學家、政治學家，二十世紀知名憲法學者，在慕尼黑獲得公法和政治學博士學位，一九三三年希特勒掌權後，前往美國任教，戰後返回慕尼黑。有感於法西斯主義盛行而於一九三七年提倡「防衛性民主」的概念，主張民主應有權「先發制人」以與獨裁對抗，民主應兼顧憲法和人權保障，但人權也不應成為破壞民主的工具。

並不反對民主，而只是與自由民主政權各不相讓。民粹勢力懷疑一切非民選機制，認為這些機制若有所差池，就會保護少數權勢者的利益、疏忽捍衛公共利益的職責。這些憂慮並不全是空穴來風。民粹主義者對民主政治的挑戰與極端分子迥然不同，其思路亦更加複雜；我們若要應對民粹主義，就必須採取另一種更有層次的進路。對民粹的挑戰反應過度，只會對自由民主造成更大的傷害。

針對需求面的對策

不論是學術討論還是公共討論，都鮮有提及如何應付對民粹政治的需求。部分的原因，是論者多視民粹主義為菁英主導的過程，從而只關心個別領袖如何憑藉個人魅力激勵（或「迷惑」）大眾。根據這種理解，約爾格·海德爾或烏戈·查維茲這類「偉人」的崛起，正正就是民粹主義的根源。可是民粹情懷在各國社會皆相對普遍，即使在那些沒有民粹魅力領袖的國家亦是如此。只要社會達成某些特定條件，民粹情懷就有可能被激發，使平凡人民瞬即變身為狂熱的民粹主義者，政界的貪汙舞弊案、或是菁英對民意反應遲鈍，都是激起民粹情懷的常見因素。

重大的貪汙醜聞，尤其是系統化的貪腐更是激怒群眾，營造滋生民粹主義的土壤。打擊貪汙、防止腐敗，亦因而成為減低民粹需求的重要策略。當重大弊案開始曝光，不論是罔顧事實而矢口否認、還是迴避妥善透明的調查，都是愚不可及的拙劣回應。自由民主之所以能獲得合法性，正是因為其獨立自主的體制能讓國家官員及民選政客向國民負責。若能妥善偵辦弊案、制裁貪官汙吏，不只能減少菁英貪腐的情況，亦能向人民證明「制度」並非只為既定建制服務。

對付系統性的貪腐，無疑遠比針對單一弊案困難。畢竟結構性貪腐往往伴隨著「國不成國」的問題，難以用簡單的方法輕易解決。增強國家效能，特別是振興法治體制，都能間接地紓解民粹情懷。國家對資源分配、社會活動和人際連繫的規範愈是有效，民粹需求就愈有可能保持沈寂。因此，有意「推廣民主」的國際組織和政府機關，就必須以恩威並施的方式增效能、衛法治。改善國家員工的工作條件、鼓勵國民舉報劣政（例如監察員），都是常用的「獎勵」政策；透過體制改革和法律改革，促進對國家公職人員的監察和制衡，則為常用的「懲罰」手段。

不過事情卻不是如此簡單。西歐國家大多沒有「國不成國」的嚴重問題，卻仍要面對大眾民粹主義泛濫的狀況。丹麥和荷蘭既沒有系統化貪腐、亦未有國家效能的問題，卻還是出現了強勢的民粹政黨。問題的關鍵在於激發民粹情懷的另一個因素：反應遲鈍的菁英。西歐不少主流政黨都偏向注重職事、輕忽問責，他們失去民意支持，卻只知與其他主流政黨締結壟斷聯盟，甚至明目張膽地主張排擠民粹政黨。這種做法顯然正中民粹主義者下懷，因為這剛好切合他們「以一敵眾、以眾敵一」的戰鬥形象——這正好是比利時極右民粹政黨「法蘭德斯集團」（後來轉型為「法蘭德斯利益」）過往的競選口號。

與其他自由民主政黨結盟也好、看重職事輕忽問責也好，都不是最嚴重的問題，問題是政客多含糊其辭、缺乏誠信。他們於景氣大好之時聲稱能操控全局，面對逆境卻又擺出一臉無辜的樣子。比如他們聲稱經濟增長都是政府經濟政策的成效，卻會把經濟下滑歸咎於「全球化」，或主張這是歐盟和國際貨幣基金組織這類國際組織的責任。歸根究柢，政客們過分誇大其能耐，從而使自己陷入必敗之境地。既然政客無法改變其能力的基本限制，他們應該開誠布公，並解釋他們何以會接受種種的限制。這樣民粹主義者雖然仍能提出更具吸引力的敘事，比如是要落實全面的主權，但主流政黨至少能擺脫詭詐的形象、並且顯得更加真誠。除此之外，像近年希臘激進左翼聯盟那樣的民粹政黨，在掌權後亦受困於其「詭詐」政敵面對過的經濟現實。現實的衝擊，勢必削弱民粹選項的吸引力。

在繼續下一節的討論前，我們得提出有些面向大眾的策略，同樣亦能回應民粹政治的需求面。其中一個最重要的對策，就是公民教育。公民教育的宗旨，在於使自由民主的價值內化成國民的社會規範，並或明或暗地警惕極端分子造成的危險挑戰。德國的公民教育課程至為翔實，亦設有專責的獨立政府機關——這機關的名稱有點突兀，叫做「聯邦政治教育機構」。總體而言，公民教育能強化大眾對民主的信念、解釋多元主義之必要，是防範民粹情懷的重要手段。不過對極端勢力過於嚴厲的警告，卻往往會適得其反，特別是有些群體早就對政治建制不太信任，他們更偏向同情民粹行動者[16]。

針對供給面的對策

民粹勢力大多傾向攻擊建制，後者往往也被激起強烈的反彈。民主政治對民粹主義的回應，雖然偶爾會嘗試減低對民粹主義的需求，但民主行動者大部分的動作都只顧針對供給面，也就是民粹行動者。不論如何，建制並不如民粹論述所言那般鐵板一塊，當中確實有些行動者願意回應民粹、亦取得一定成果。我們於下文將聚焦在四類能有效應對民粹的建制行動者，分別為（1）主流政治行動者、（2）專責維護基本權益的體制、（3）傳播媒體、以及（4）跨國體制。

主流的政治行動者，做的事其實與民粹行動者相差無幾：畢竟兩者皆以政治為業。亦因如此，兩者在特定條件下亦能互相合作、締結同盟，從而突顯政策訴求、爭奪政治權力。在奧地利和芬蘭這類歐洲國家，皆有主流政黨與民粹政黨組建執政聯盟；而美國一些共和黨領袖，則與民粹的茶黨運動團體組織正式或非正式的結盟，藉此贏取國會議席。不過大部分主流政黨卻反其道而行，高調地抨擊民粹行動者。其中一種手段是畫下拒絕往來的封鎖線，藉此孤立民粹主義者，不容他們與官方有任何合作的機會——比利時的法蘭德斯利益就遭到這樣的待遇。另一些主流政黨，則為排除民粹勢力而不擇手段，比如發動大罷工、甚至策動推翻民粹政權的政變——就像二〇〇〇年代初的委內瑞拉那樣。

那些專責保護基本權利的機制，亦能夠有力應對民粹主義者的興起。畢竟諸如美國高等法院和德國聯邦憲法法院這類的自由民主機制，創立時都經過精

16〔譯註〕也就是說，比較妥當的做法是正面地潛移默化，逐步建立人民對自由民主的信任。而高調的負面抨擊，反倒會激起被批評者的敵意，令民粹情懷一發不可收拾。歸根究柢，民粹主義及其支持者不是民主的邪惡敵人：他們與主張自由民主的論者，同樣是在民主政治中實踐人民主權的對等夥伴。公民共同體內不應有敵我矛盾，著重基本權利的自由民主主義者尤其不應挑起爭端。

心設計，為的就是要捍衛自由民主制度、保護少數權益免受多數暴力侵害。在中歐和東歐，司法機關乃是對民粹行動者最重要的制衡：法院曾與波蘭的卡臣斯基兄弟和斯洛伐克的梅恰爾對陣，擋下他們惡名昭彰的非自由政策提案。然而司法卻不是應對民粹的萬靈丹。比如在厄瓜多和匈牙利，司法機關就無法阻擋柯利亞和奧班的非自由憲制改革。這些改革容許民粹領袖集中權力，並在法律體系中安插親信。

媒體對民粹政治勢力的成敗，亦有關鍵的作用。如果沒有那些知名傳媒人的支持，比如福斯新聞的格林·貝克和肖恩·漢尼提、或是某些地方電台的主播，茶黨運動的崛起將難以想像。奧地利亦曾出現過類似的現象：自由黨領袖海德爾在一九九〇年代，曾受惠於《皇冠報》這份小報的有利報導。而近年英國獨立黨的興起，亦有賴《每日快報》的公開支持，這份小報過往曾替工黨和保守黨這兩大主流政黨背書。在另一些案例，民粹行動者本身就是在（社交）媒體展開政治事業的風雲人物——比如是保加利亞「攻擊黨」的領袖莫能·西多羅夫[17]，或是領導義大利五星運動的畢普・格里洛。義大利的貝魯斯柯尼則是媒體民粹主義的典型案例：他利用旗下的傳媒王國，先是推動義大利力量黨之創黨、其後藉此扶助其政權。

德國的情況卻與前述的案例天差地別：該國傳媒對左右兩翼的民粹政黨皆異常尖酸刻薄。像《圖片報》那樣的小報雖然熱中傳播民粹論述，他們對民粹政黨的抨擊卻不遺餘力：不論那是左派的左翼黨、還是右翼民粹的共和黨。除《每日快報》外，英國傳媒界亦有近似的取態。比如所有小報的頭條新聞，都會報導英國國家黨的負面消息：《太陽報》甚至會將該黨貶稱為「狗血壞

17 莫能・西多羅夫（Volen Sidorov, 1956-），保加利亞極右翼政治家和攻擊黨主席。曾擔任多家報紙的編輯，二〇〇〇年之後成為有線電視頻道脫口秀節目主持人。二〇〇三年競選索非亞市長，僅獲〇・四五%選票，但二〇〇五年議會選舉時已成為受歡迎的電視主持人，並組織了以其脫口秀命名的攻擊黨，該黨贏得總選票的八%，成為議會第四大黨。二〇〇六年他投入總統大選，第一輪投票獲得二十一%的選票，第二輪則獲得約二十四%的選票落敗。二〇一九年再度競選索非亞市長落選。

人」[18]。如此民粹媒體與民粹政客，論述相近卻無法並肩而戰。這種情況看似弔詭，在世界各地卻非常普遍：畢竟那些小報的金主和經營者，幾乎都是主流勢力的人。

除此以外，跨國體制也是制衡民粹勢力的重要力量。歐盟和美洲國家組織這類機構的其中一個主要功能，就是要推動和保衛（自由）民主制度。無獨有偶，這兩個機構都曾激烈地回應民粹政治。他們曾經抗拒民粹勢力掌權，亦曾反對民粹行動者的某些動作：比如歐盟曾就奧地利自由黨於二〇〇〇年入閣提出異議，美洲國家組織亦曾於一九九二年抗議藤森謙也解散秘魯國會。不過觀乎查維茲和奧班的案例，跨國體制應對民粹主義者的能力頗為有限。部分原因是各國政府皆不願意讓國外組織評斷其自由民主水平。歐盟這類跨國組織雖設有加入會籍的門檻，但其影響亦相當有限：在成員國取得入場劵後，這些組織即無法有效監督它們是否合乎民主及法治的標準。部分民粹主義者亦在國際社會有自己的支持：這些支持者不一定主張民粹主義，卻能使民粹政權免受跨國制裁，或至少能紓緩這些制裁帶來的衝擊。比如歐洲人民黨曾挺身護衛奧班，而厄瓜多和尼加拉瓜的民粹政權亦會協助查維茲緩和國外的制裁[19]。

在簡單討論過民主政治回應民粹供給的各種對策後，我們又可以從中學習到甚麼？也許最重要的教訓，是認識到現時已有各式各樣應對民粹主義的策略，而這些策略大多徘徊在對抗和合作兩個極端之間。選擇對民粹政治以牙還牙，為此攻擊民粹勢力並將其孤立，這是其中一個極端；與民粹主義者對談、跟進（部分）他們關心的議題、把民粹勢力吸納進政治體系、甚至與他們組建聯合政府，這則是另一條可取的進路。然而要回應民粹主義者的挑戰，無法一本通書讀到老，也沒有人人適用的獨門秘方。所有現實的應對策略，都必然是全面對抗和通盤合作之間的中庸之道，很多時候亦不得不因應形勢同時運用不

18〔譯註〕原文為Bloody Nasty People，縮寫與英國國家黨同為BNP。

19〔譯註〕而跨國體制本身，亦與國族國家的主權有一定的矛盾。是以這些體制若高調行事，或會被各國民眾視為對人民主權之侵害，反倒進一步刺激其民粹情懷。而推行全球化治理的國際組織，甚至是部分國家「國不成國」的原因之一。如此跨國體制對民粹行動者的制裁，反倒會弔詭地提升他們國內的聲望。

同的策略。

究竟怎樣的應對至為有效，既視乎民主國家的特質、亦取決於民粹挑戰者的個性。只是有兩種同樣愚不可及的進路，卻不幸地常為論者推薦。在不少案例中，建制行動者聯手與民粹主義者正面對抗，你一言、我一語指斥「他們」既「邪惡」又「愚蠢」。這種做法反倒正中民粹主義者下懷：面對千夫所指，他們就能宣稱自己正從事「以眾敵一，以一敵眾」的政治鬥爭。此外亦有建制行動者認為，惟有局部採用民粹語言，方能有望擊敗民粹行動者——有些西歐社會民主主義，正好提倡以此道回擊極右民粹。這兩種進路，都會進一步促成政治和社會的道德化和兩極化，從而危及自由民主的根基[20]。

民粹主義之非自由應對

民粹主義乃民主政治的一部分。民粹不只是民主的鏡像，民粹主義就是自由民主政治的（惡）靈魂。在民主政治和自由主義並肩而行的世界，民粹主義基本上是要以非自由民主的方式，應對非民主自由主義的可能。民粹主義者勇於提出令人不安的問題，為的是質疑自由主義體制和政策潛藏的非民主面向，他們挑戰的包含了憲法法院和國際金融體制這類機構。面對非民主自由主義的威脅，民粹主義者主張非自由的答案，而且往往獲得大量民眾支持（就像重新引進死刑的議題）。自由民主既要顧全多數意見、又要保衛少數權益，亦因此出現（潛在的）內部張力。過往自由民主國家的憲法法院，曾推翻過民選政府的政策。比如一九五四年宣判的「布朗訴托彼卡教育局案」[21]，美國最高法院

20〔譯註〕過往關於民粹主義的討論，只見供給面、不知需求面。對供給面的分析，又流於道德主義，往往會針對民粹領袖的人格、或是民粹支持者的見識。這種應對方式，既未能正視在需求面的問題根源，道德化的二元對立更促進民粹領袖的聲望。面對民粹主義風潮，主流社會必須自我省察：他們不是民粹政治單純的受害者，而是問題的根源之一。

21 布朗訴托彼卡教育局案（Brown v. Board of Education of Topeka, 347 U.S. 483（1954）是美國民權史上相當重要的訴訟案。本案實為一連串黑白兒童針對教育資源不平等的訴訟案泛稱，始於一九四七年因要求校車接送黑人兒童上學而質疑學校種族隔離政策。布朗案則為琳達．布朗由於種族因素不得進入住家附近的學校而必須步行搭車至六哩外的黑人學校，遂由其他有同樣背景的家庭提起集體訴訟，主張種族隔離的學校侵害了孩童依據憲法第十四條修正案所保障的平等

裁定種族隔離政策違憲，而在一九七三年的「羅伊訴韋德案」[22]，最高法院則裁定讓墮胎合法化。而在過去幾十年，諸如歐洲中央銀行和國際貨幣基金這類非民選技術官僚體制逐漸掌控各主要政策範疇，因而嚴重侵害民選政客的權力。新自由主義改革的推行、新公共管理政策的採用，都使國族國家的政府嚴重受限：私人企業、跨國組織和市場那看得見／看不見的手，如今都凌駕於政府之上。

主流政客心甘情願執行前述的政策，卻未有就此努力遊說國民。他們反倒宣稱那些政策乃事在必行，甚至是避無可避，為求強行推動這些政策，他們或求助於國外的強權機構（比如是歐盟或國際貨幣基金組織）、或訴諸於天下大勢（比如全球化）。至於這些政策是對還是錯、是否引起弊大於利的非預期效果，他們對此卻不願花時間加以辯證。事實上，這些菁英是要憑藉非民選技術官僚體制與日俱增的影響力，把緊縮政策和移民制度這類具爭議的政治議題非政治化，從而減低自己於選戰落敗的風險。歐洲聯盟的發展，正好是說明這種狀況的最佳案例。歐盟精心設計的組織制度，就是要把權力讓渡予非民選的機制，使整個體系幾乎與民意壓力完全隔絕。於是，歐盟如今成為「民主赤字」的同義詞，而歐洲民粹主義者的疑歐情緒日益高漲，也就不足為奇。這些疑歐的民粹主義者指責國內和歐洲的菁英，認為他們犧牲人民權益、違反人民意願，為的是製造推動（新）自由主義超國家全能組織。

雖然民粹主義有不同的風格和形態，亦會在各種迥異的文化政治脈絡進

權。後來上訴到最高法院，最終於一九五四年宣佈公立學校的種族隔離違憲。此案影響不只在教育方面，亦對黑人爭取廢除種族隔離的黑人民權運動有關鍵作用。

22 羅伊訴韋德案（Roe v. Wade, 410 U.S. 113（1973）），一九六九年八月，德州的諾瑪・麥柯薇（Norma McCorvey）尋求墮胎未果，用羅伊（Roe）的化名讓律師以德州禁止墮胎的法律「侵犯隱私權」，對檢察長韋德（Henry Wade）提出訴訟，地方法院判決德州法律侵犯原告受美國憲法第九修正案所保障的權利，但並未對德州的反墮胎法律提出禁制令；上訴後最高法院於一九七三年以七：二的比數通過判決：根據憲法第十四修正案的正當程序條款，以及婦女獲憲法保障的隱私權，女性在懷孕一至三個月期間決定是否墮胎「不容州政府干涉」。然而此判決引起的爭議數十年不斷，二〇二一年九月一日德州州長簽署SB8法案（或稱德州心跳法案，在所謂可檢測到胎兒心跳、約孕期六週後禁止墮胎，且任何公民均可依此法起訴「幫助和教唆」進行非法墮胎的人員），拜登政府的司法部長旋即於九月十日對德州提起訴訟。

行動員，各地民粹行動者都想把政治辯論道德化，並將備受忽略的議題和群體（重新）政治化。雖然民粹主義不時會將複雜問題簡單化，但反民粹的勢力歸根究柢還是有同樣的毛病。民粹主義對包括自由民主在內的各種政權，都會帶來複雜的挑戰。而最佳的應對方式，就是敞開心懷與民粹行動者及其支持者對話——不管這樣的對話將會多麼困難。和信奉民粹主義的菁英與群眾對話的目的，是要理解他們的主張、體諒他們怨懟之情，以找出合乎自由民主原則的對應方案。同時，政界和學界人士理應對事不對人：與其先驗地假設民粹主義者的錯誤，倒不如認真檢視其政策倡議對自由民主制度的潛在貢獻。

自由民主派可嘗試把民粹支持者、甚至部分領導民粹運動的菁英爭取過來，可是他們應該要迴避討好「人民」的簡單答案，也要避免以菁英主義的論述貶低一般國民的道德倫理和知識水平。這兩種提油救火的做法，都只會助長民粹主義者的聲勢。歸根究柢，民粹主義往往能提出正確而不容忽視的問題，只是其解答會令人皺眉。因此我們最終的目標，不應局限於針對民粹主義的供給面，如何減低人民對民粹主義的需求，才是真正的重中之重：惟有正面回應民之所欲，方能確實地鞏固自由民主的制度。

延伸閱讀

Berlet, Chip, and Matthew N. Lyons. *Right-Wing Populism in America: Too Close for Comfort*. New York: Guilford Press, 2000.

Conniff, Michael L., ed. *Populism in Latin America*. 2d ed. Tuscaloosa: University of Alabama Press, 2012.

de la Torre, Carlos, ed. *The Promise and Perils of Populism: Global Perspectives*. Lexington: University of Kentucky Press, 2015.

de la Torre, Carlos, and Cynthia J. Arnson, eds. *Latin American Populism in the Twenty-First Century*. Washington, DC: Woodrow Wilson Center Press, 2013.

Formisano, Ronald. *The Tea Party*. Baltimore: Johns Hopkins University Press, 2012.

Kazin, Michael. *The Populist Persuasion: An American History*. Rev. ed. Ithaca, NY: Cornell University Press, 1998.

Kriesi, Hanspeter, and Takis Pappas, eds. *European Populism in the Shadow of the Great Recession*. Colchester, UK: ECPR Press, 2015.

Laclau, Ernesto. *On Populist Reason*. London: Verso, 2005.

Mudde, Cas. *Populist Radical Right Parties in Europe*. Cambridge, UK: Cambridge University Press, 2007.

Mudde, Cas, and Cristóbal Rovira Kaltwasser, eds. *Populism in Europe and the Americas: Threat or Corrective for Democracy?* Cambridge, UK: Cambridge University Press, 2012.

Panizza, Francisco, ed. *Populism and the Mirror of Democracy*. London: Verso, 2005.

Taggart, Paul. *Populism*. Buckingham, UK: Open University Press, 2000.

第六章——成因與回應

Sonia Alonso and Cristóbal Rovira Kaltwasser, "Spain: No Country for the Populist Radical Right?" *South European Society and Politics* 20.1 (2015): 21–45.

Kirk Hawkins, *Venezuela's Chavismo and Populism in Comparative Perspective* (New York: Cambridge University Press, 2010).

Piero Ignazi, "The Silent Counter-Revolution: Hypotheses on the Emergence of Extreme Right-Wing Parties in Europe," *European Journal of Political Research* 22.1 (1992): 3–34.

Inglehart, Ronald. *The Silent Revolution: Changing Values and Political Styles among Western Publics*. (Princeton: Princeton University Press, 1977).

Karl Löwenstein, "Militant Democracy and Fundamental Rights, I," *American Political Science Review* 31.3 (1937): 417–432.

Peter Mair, "Representative versus Responsible Government," *MPIfG Working Paper* 8 (2009): 1–19.

Jan-Werner Müller, "Defending Democracy within the EU," *Journal of Democracy* 24.2 (2013): 138–149.

Thomas Payne, *Common Sense* (London: Penguin, 1982 [1776]).

Cristóbal Rovira Kaltwasser and Paul Taggart. "Dealing with Populists in Government: A Framework for Analysis," *Democratization* 23.2 (2016): 201–220.

Wolfgang Streeck, *Buying Time: The Delayed Crisis of Democratic Capitalism* (London: Verso, 2014).

ership," in *The Oxford Handbook of Political Leadership*, edited by R.A.W. Rhodes and Paul 't Hart, 376–388 (Oxford: Oxford University Press, 2014).

Cas Mudde and Cristóbal Rovira Kaltwasser, "Vox Populi or Vox Masculini? Populism and Gender in Northern Europe and South America," *Patterns of Prejudice* 49.1–2 (2015): 16–36.

Paul Taggart, *Populism* (Buckingham, UK: Open University Press, 2000).

Max Weber, *Politik als Beruf* (Stuttgart, Germany: Reclam, 1992 [1919]).

第五章——民粹主義與民主政治

Robert Dahl, *Polyarchy* (New Haven, CT: Yale University Press, 1971).

Ernesto Laclau, *On Populist Reason* (London: Verso, 2005).

Steven Levitsky and Lucan Way, *Competitive Authoritarianism: Hybrid Regimes after the Cold War* (Cambridge, UK: Cambridge University Press, 2010).

Cas Mudde,"The Populist Radical Right: A Pathological Normalcy," *West European Politics* 33.6 (2010): 1167–1186.

Cas Mudde and Cristóbal Rovira Kaltwasser, eds., *Populism in Europe and the Americas: Threat or Corrective for Democracy?* (Cambridge, UK: Cambridge University Press, 2012).

Guillermo O'Donnell and Philippe C. Schmitter, *Transitions from Authoritarian Rule: Tentative Conclusions* (Baltimore: Johns Hopkins University Press, 1986).

Pierre Rosanvallon, *Counter-Democracy: Politics in an Age of Distrust* (Cambridge, UK: Cambridge University Press, 2008).

Cristóbal Rovira Kaltwasser, "The Responses of Populism to Dahl's Democratic Dilemmas," *Political Studies* 62.3 (2014): 470–487.

Kathryn Stoner and Michael McFaul, eds., *Transitions to Democracy: A Comparative Perspective* (Baltimore: Johns Hopkins University Press, 2013).

Charles Tilly, *Democracy* (Cambridge, UK: Cambridge University Press, 2013).

19–46.
David Art, *Inside the Radical Right: The Development of Anti-immigrant Parties in Western Europe* (Cambridge, UK: Cambridge University Press, 2011).
Paris Aslanidis, "Populist Social Movements of the Great Recession," *Mobilization: An International Quarterly* 21.3 (2016): 301–321.
Julio Carrión, ed., *The Fujimori Legacy: The Rise of Electoral Authoritarianism in Peru* (University Park: Pennsylvania State University Press, 2006).
Catherine Fieschi, *Fascism, Populism, and the French Republic: In the Shadow of the Republic* (Manchester, UK: Manchester University Press, 2004).
Ronald Formisano, *The Tea Party* (Baltimore: Johns Hopkins University Press, 2012).
Kenneth Roberts, "Populism, Political Conflict, and Grass-Roots Organization in Latin America," *Comparative Politics* 36.2 (2006): 127–148.
Elmer E. Schattschneider, *The Semi-sovereign People: A Realist's View of Democracy in America* (New York: Holt, Rinehart and Winston, 1960).
Sidney Tarrow, *Power in Movement: Social Movements and Contentious Politics*, rev. ed. (Cambridge, UK: Cambridge University Press, 2011).

第四章——民粹領袖

Kirk A. Hawkins, "Is Chávez Populist? Measuring Populist Discourse in Comparative Perspective," *Comparative Political Studies* 42.8 (2009): 1040–1067.
Karen Kampwirth, ed., *Gender and Populism in Latin America: Passionate Politics* (University Park: Pennsylvania State University Press, 2010).
John Lynch, *Caudillos in Spanish America, 1800–1850* (Oxford: Clarendon, 1992).
Raúl Madrid, "The Rise of Ethnopopulism in Latin America," *World Politics* 60.3 (2008): 475–508.
Cas Mudde and Cristóbal Rovira Kaltwasser, "Populism and Political Lead-

第二章——世界各地的民粹主義

Carlos de la Torre, *Populist Seduction in Latin America*, rev. ed. (Athens: Ohio University Press, 2010).

Michael Kazin, *The Populist Persuasion: An American History*, rev. ed. (Ithaca, NY: Cornell University Press, 1995).

Kosuke Mizuno and Pasuk Phongpaichit, eds., *Populism in Asia* (Singapore: NUS Press and Kyoto University Press, 2009).

Cas Mudde, *Populist Radical Right Parties in Europe* (Cambridge, UK: Cambridge University Press, 2007).

Cas Mudde and Cristóbal Rovira Kaltwasser, "Exclusionary vs. Inclusionary Populism: Comparing Contemporary Europe and Latin America," *Government and Opposition* 48.2 (2013): 147–174.

Danielle Resnick, *Urban Poverty and Party Populism in African Democracies* (Cambridge, UK: Cambridge University Press, 2013).

Cristóbal Rovira Kaltwasser, "Latin American Populism: Some Conceptual and Normative Lessons," *Constellations* 21.4 (2014): 494–504.

Marian Sawer and Barry Hindess, eds., *Us and Them: Anti-elitism in Australia* (Perth, Australia: API Network, 2004).

Yannis Stavrakakis and Giorgos Katsambekis, "Left-Wing Populism in the European Periphery: The Case of SYRIZA," *Journal of Political Ideologies* 19.2 (2014): 119–142.

第三章——民粹主義的動員模式

Daniele Albertazzi and Duncan McDonnell, eds., *Twenty-First Century Populism: The Spectre of Western Democracy* (Basingstoke, UK: Palgrave Macmillan, 2008).

Sergio Anria, "Social Movements, Party Organization, and Populism: Insights from the Bolivian MAS," *Latin American Politics & Society* 55.3 (2013):

參考資料

第一章——何為民粹主義？

Margaret Canovan, *The People* (Cambridge, UK: Polity, 2005).

Rudiger Dornbusch and Sebastian Edwards, eds., T*he Macroeconomics of Populism in Latin America* (Chicago: University of Chicago Press, 1992).

Lawrence Goodwyn, *Democratic Promise: The Populist Moment in America* (New York: Oxford University Press, 1976).

Richard Hofstadter, *The Age of Reform: From Bryan to FDR* (New York: Knopf, 1955).

Ghita Ionescu and Ernest Gellner, eds., *Populism: Its Meaning and National Characteristics* (New York: Macmillan, 1969).

Ernesto Laclau, *On Populist Reason* (London: Verso, 2005).

Ernesto Laclau and Chantal Mouffe, *Hegemony and Socialist Strategy: Towards a Radical Democratic Politics* (London: Verso, 1985).

Cas Mudde, "The Populist Zeitgeist." *Government and Opposition* 39.4 (2004): 541–563.

Cas Mudde and Cristóbal Rovira Kaltwasser "Populism," in *The Oxford Handbook of Political Ideologies*, eds. Michael Freeden, Lyman Tower Sargent, and Marc Stears, 493–512 (Oxford: Oxford University Press, 2013).

Carl Schmitt, *Der Begriff des Politischen* (Berlin, Germany: Dunckler & Humblot, 1929).

Paul Taggart, *Populism* (Buckingham, UK: Open University Press, 2000).

Kurt Weyland, "Clarifying a Contested Concept: Populism in the Study of Latin American Politics." *Comparative Politics* 34.1 (2001): 1–22.

(EPP)
歐洲中央銀行 European Central Bank (ECB)
潘恩，湯瑪斯 Thomas Paine
熱爾內托堡 Villa Gernetto
魯文斯坦，卡爾 Karl Löwenstein
魯比奧，馬克羅 Marco Rubio
激進左翼聯盟（希臘）Coalition of the Radical Left (Syriza)
盧卡申科，亞歷山大 Aleksandr Lukashenka
盧武鉉 Roh Moo-hyun
盧梭，尚－雅克 Jean-Jacques Rousseau
穆塞維尼，約韋里 Yoweri Museveni
薩克斯，傑弗瑞 Jeffrey Sachs
錫安主義 Zionism
霍夫施塔特，理查德 Richard Hofstadter
霍金斯，寇克 Kirk Hawkins
霍桑瓦隆，皮埃爾 Pierre Rosanvallon
繁榮美國 Americans for Prosperity
聯邦政治教育機構 Federal Office for Civic Education (BpB)
韓森，寶琳 Pauline Hanson
薩巴德洛，羅德里格茲 José Luis Rodríguez Zapatero
薩塔，米高 Michael Sata
懷爾德斯，希爾德 Geert Wilders
羅伊訴韋德案 Roe v. Wade
羅慕斯，菲德爾 Fidel V. Ramos
羅薩斯，胡安 Juan Manuel de Rosas
藤森惠子 Keiko Fujimori
藤森謙也 Alberto Fujimori

桑德利，里克 Rick Santelli
桑德斯，伯尼 Bernie Sanders
海德爾，約爾格 Jörg Haider
祖科蒂公園 Zuccotti Park
秘魯獨立陣線二〇〇〇 Independent Front Peru 2000
納坦雅胡，班傑明 Benjamin Netanyahu
納瑟，賈邁勒 Gamal Abdel Nasser
紐西蘭優先黨 New Zealand First (NZF)
茶黨愛國者 Tea Party Patriots
茶黨運動 Tea Party movement
酒桌聚會 Stammtisch
馬侃，約翰 John McCain
馬萊馬，朱利葉斯 Julius Malema
馬德里體育會 Club Atlético de Madrid
馬澤姆貝足球俱樂部 Tout Puissant Mazembe
馬賽奧林匹克 Olympique de Marseille
高地酋 caudillo
勒朋，讓—馬里 Jean-Marie Le Pen
國民陣線 National Front (FN)
國家行動黨 National Action Party (PAN)
國際貨幣基金組織 International Monetary Fund (IMF)
常民黨（印度）Common Man Party (AAP)
曼寧，普雷斯頓 Preston Manning
曼徹斯特城足球俱樂部 Manchester City Football Club
梅內姆，卡洛斯 Carlos Menem
梅恰爾，弗拉基米爾 Vladimir Mečiar
梅格雷，布魯諾 Bruno Mégret
梅爾，彼得 Peter Mair
理念分析法 ideational approach
莫拉萊斯，埃沃 Evo Morales
都鐸，科爾內留 Corneliu Vadim Tudor
麥士蒂索 Mestizo
麥卡錫，約瑟夫 Joseph McCarthy
麥卡錫主義 McCarthyism
凱利瓦爾，阿溫 Arvind Kejriwal
博西，翁貝托 Umberto Bossi
單一民族黨（澳洲）One Nation party (ONP)
無衫黨 shirtless ones(descamisados)
舒特內德，埃爾默 Elmer Eric Schattschneider
華倫，伊莉沙伯 Elizabeth Warren
華勒沙，萊赫 Lech Walesa
華盛頓共識 Washington Consensus
華萊士，喬治 George C. Wallace
進步黨（挪威）Progress Party (FrP)

自由人民黨（義大利）The People of Freedom (PdL)
自由工坊（美國）Freedom Works
自由民主人民黨（荷蘭）People's Party for Freedom and Democracy (VVD)
自由放任主義者 Libertarian
自由鐘 Liberty Bell
自由黨（荷蘭）Party for Freedom (PVV)
艾伯特，東尼 Tony Abbott
艾馬拉族 Aymara
艾斯特拉達 Joseph "Erap" Estrada
艾爾段，雷傑普 Recep Tayyip Erdogan
西多羅夫，莫能 Volen Sidorov
西奧塞古，尼古拉 Nicolae Ceaușescu
占領華爾街運動 Occupy Wall Street
佛杜恩，皮姆 Pim Fortuyn
佛杜恩名單 List Pim Fortuyn, LPF
佛朗哥，法蘭西斯科 Francisco Franco
克丘亞族 Quechua
克拉克西，貝蒂諾 Bettino Craxi
克恩頓州 Carinthia/Kärnten
克魯茲，泰德 Ted Cruz
克賴斯基，布魯諾 Bruno Kreisky
坎諾萬，瑪格麗特 Margaret Canovan
局內人民粹主義 Insider Populism
希爾，赫蘇斯 Jesús Gil y Gil
希臘共產主義青年 Communist Youth of Greece
我們能夠黨（西班牙）We Can (Podemos)
改革九〇（秘魯）Change 90
改革黨（美國）Reform Party
攻擊黨（保加利亞）Attack
更好的匈牙利運動 Better Hungary (Jobbik)
貝卡利，吉吉 Gigi Becali
貝克，格林 Glenn Beck
貝魯斯柯尼，西爾維奧 Silvio Berlusconi
里奇，約翰 John Rich
防衛性民主 Militant Democracy
亞伯達省（加拿大）Alberta
佩羅，羅斯 Ross Perot
委內瑞拉統一社會主義黨 United Socialist Party of Venezuela (PSUV)
季里諾夫斯基，弗拉迪米爾 Vladimir Zhirinovsky
官僚威權主義 Bureaucratic Authoritarianism
帕拉西奧，阿爾弗雷多 Alfredo Palacio
延森，西芙 Siv Jensen

北方聯盟（義大利）Northern League (LN)
卡臣斯基，列赫 Lech Kaczyńsky
卡臣斯基，雅羅斯瓦夫 Jarosław Kaczyńsky
卡通比，莫伊斯 Moïse Katumbi
卡德納斯，夸特莫克 Cuauhtémoc Cárdenas
卡戴珊家族 Kardashians
古德溫，勞倫斯 Lawrence Goodwyn
史特拉赫，海因茨—克里斯狄安 Heinz-Christian Strache
史莊納團隊 Team Stronach
史都華，詹姆斯 James Stewart
尼克森，理查 Richard Nixon
左翼黨（德國）The Left (Die Linke)
布加勒斯特星隊 Steaua Bucharești
布托，班娜姬 Benazir Bhutto
布希，喬治 George W. Bush
布朗訴托彼卡教育局案 Brown v. Board of Education of Topeka
布勞赫，克里斯托夫 Christoph Blocher
布萊恩，威廉·詹寧斯 William Jennings Bryan
布熱德，皮埃爾 Pierre Poujade
正統芬蘭人黨 True Finns Party
正義黨（阿根廷）Justicialist Party
民主革命黨（墨西哥）Party of the Democratic Revolution (PRD)
民主黨（義大利）Partito Democratico (PD)
民族民粹主義 ethnopopulism
人民之聲 vox populi
民意黨（俄國）People's Will
瓦加斯，熱圖利奧 Getúlio Vargas
甘地，桑妮雅 Sonia Gandhi
生產者至上論 producerism
皮諾契，奧古斯圖 Augusto Pinochet
伊瓦拉，貝拉斯科 José María Velasco Ibarra
伊格萊西亞斯·圖里翁，巴布羅 Pablo Iglesias Turrión
光明之路 Shining Path
共和黨（德國）The Republicans (Die Republikaner)
列斐伏爾，馬歇爾 Marcel Lefebvre
匈牙利公民聯盟 Hungarian Civic Alliance (Fidesz)
印度反貪腐 India Against Corruption (IAC)
吉里諾夫斯基，弗拉迪米爾 Vladimir Zhirinovski
多恩布什，魯迪 Rudiger Dornbusch
安納團隊 Team Anna
米歇爾，夏爾 Charles Michel
米蘭足球俱樂部 AC Milan (L'Associazione Calcio Milan)

名詞對照表

《民主的許諾：美國的民粹主義時刻》 *Democratic Promise: The Populist Moment in America*
《民粹主義：其意義與民族性》 *Populism: Its Meaning and National Characteristics*
《老大哥》*Big Brother*
《每日快報》*Daily Express*
《皇冠報》*Die Kronen Zeitung*
《常識》*Common Sense*
《華府風雲》*Mr. Smith Goes to Washington*
《圖片報》*Bild*
《關閉底特律》*Shuttin' Detroit Down*
人民力量（秘魯）Popular Force
人民主權 popular sovereignty
人民代理分析法 popular agency approach
人民運動聯盟（法國）Union pour un Mouvement Populaire (UMP)
人民黨（西班牙）Popular Party (PP)
人民黨（美國）Populist Party/ People's Party
大羅馬尼亞黨 Greater Romania Party (PRM)
川普，唐納 Donald Trump
工商捍衛聯盟（法國）Union for Defense of Traders and Artisans (UDCA)
丹麥人民黨 Danish People's Party (DF)
五星運動（義大利）Five Star Movement (M5S)
公民論壇（捷克）Civic Forum (OF)
公共意志 general will (volonté générale)
反共團結工聯 Solidarity
尤薩，巴爾加斯 Mario Vargas Llosa
巴本德里歐，喬治 Georgios Papandreou
巴赫曼，米歇爾 Michelle Bachman
心臟地帶 he heartland
方向—社會民主黨（斯洛伐克） Direction-Social Democracy (Smer)
毛利人 Maori
加拿大社會信用黨 Social Credit Party of Canada (SOCREDS)
加塞特，奧特嘉．伊 José Ortega y Gasset

左岸政治 342

民粹主義：牛津非常短講 005

Populism: A Very Short Introduction

作　　者　卡斯．穆德（Cas Mudde）
　　　　　克里斯托巴．卡特瓦塞爾（Cristóbal Rovira Kaltwasser）
譯　　者　徐承恩
總 編 輯　黃秀如
策畫主編　劉佳奇
行銷企劃　蔡竣宇
封面設計　黃暐鵬
內文排版　張瑜卿

社　　長　郭重興
發行人暨出版總監　曾大福
出　　版　左岸文化／遠足文化事業股份有限公司
發　　行　遠足文化事業股份有限公司
　　　　　231新北市新店區民權路108-2號9樓
電　　話　02-2218-1417
傳　　真　02-2218-8057
客服專線　0800-221-029
E-Mail　rivegauche2002@gmail.com
左岸臉書　facebook.com/RiveGauchePublishingHouse
法律顧問　華洋法律事務所　蘇文生律師

印　　刷　呈靖彩藝有限公司
初版一刷　2022年6月
定　　價　320元

ISBN　978-626-96063-4-4（平裝）
　　　978-626-96063-9-9（EPUB）
　　　978-626-96094-0-6（PDF）

歡迎團體訂購，另有優惠，請洽業務部，02-22181417分機1124、1135

國家圖書館出版品預行編目（CIP）資料

民粹主義：牛津非常短講005／卡斯．穆德（Cas Mudde）、
克里斯托巴．卡特瓦塞爾（Cristóbal Rovira Kaltwasser）合著／徐承恩 譯
——初版——新北市：左岸文化出版：遠足文化事業股份有限公司發行，2022.06
——面；公分——（左岸政治；342）
譯自：Populism: A Very Short Introduction
ISBN 978-626-96063-4-4（平裝）
1.CST：民粹主義
570.11　　111006292